IMPRESSIONS INTIMES

ET SOUVENIRS

SUR LA VIE ET LA MORT

DE

J.-B.-A. HUOT

CURÉ-DOYEN

DE LA VILLE DE CHARMES-SUR-MOSELLE (VOSGES)

1805-1875

PAR

L'ABBÉ P. HUOT

DU CLERGÉ DE PARIS, CHANOINE HONORAIRE, ETC., ETC.

« Sa gloire est mon seul égoisme.... »
(P. DE MUSSET.)

PARIS

AMYOT, ÉDITEUR

6, RUE DE SEINE, 6.

1878

IMPRESSIONS INTIMES

ET SOUVENIRS

SUR LA VIE ET LA MORT

DE

J.-B.-A. HUOT

OUVRAGES DU MÊME AUTEUR

—o—

Vie de Saint-Christophe, d'après la légende et les
monuments écrits des premiers siècles. Un volume
in-18. . . . .   1 »

Lettres apostoliques de Saint-Ignace, évêque et martyr
d'Antioche. Un volume in-8. . . . .   2 »

La Pologne, son calvaire, ses représailles (discours
prononcé à la Madeleine le 25 mars 1869). Un volume
in-8. . . . .   2 »

Catilina et la Commune, commentaires historiques, philosophiques et littéraires. Un volume in-8. . . .   2 50

Lettres pastorales sur l'autorité de l'Église catholique,
par Mgr Pompallier, archevêque d'Amasie. Édition
française, traduite de l'anglais et du polynésien. Un
volume in-8. . . . .   2 »

Ils sont des lâches! brochure in-16 carré (on trouve
cette dernière brochure chez H. Guérard, 156, rue
de Rivoli).   » 10

Paris. — Imprimerie MALVERGE et DUBOURG
rue du Cardinal-Lemoine, 41.

IMPRESSIONS INTIMES

ET SOUVENIRS

SUR LA VIE ET LA MORT

DE

J.-B.-A. HUOT

CURÉ-DOYEN

DE LA VILLE DE CHARMES-SUR-MOSELLE (VOSGES)

1805-1875

PAR

L'ABBÉ P. HUOT

DU CLERGÉ DE PARIS; CHANOINE HONORAIRE, ETC., ETC.

« Sa gloire est mon seul égoïsme..... »
(P. DE MUSSET.)

PARIS

AMYOT, ÉDITEUR

6, RUE DE SEINE, 6.

—

1878

A

Mademoiselle Marie-Victorine Huot

Ce livre que voici vous appartient : il vous parlera de celui qui vous aima et à qui vous restez dévouée. Vous êtes l'ange de son tombeau et la gardienne de sa sainte mémoire. Les voix qui s'échappaient hier de son cœur, pour arriver à votre cœur, sont devenues aujourd'hui des *impressions* et des *souvenirs*, que j'ai revêtus d'images et de couleurs pour peupler la solitude de votre âme.

Que votre vie, que la mienne, soient pures comme la sienne, pures comme les champs de neige qui miroitent sous un blanc soleil d'hiver!!!

PRÉFACE

Quand j'ouvre les pages de Bossuet, j'y
trouve une parole qui résume la vie de notre
ami ; qui dort là-bas dans un pli de terrain des
Vosges, aux cîmes bleues, près d'un fleuve
aux flots d'azur, dans l'enclos du cimetière
de la ville de Charmes-sur-Moselle. « Je vois
« cette vie rayonnante et belle de cette divine
« clarté qui est au dedans de nous et où nous
« découvrons, comme dans un globe de lu-
« mière, l'agrément immortel de l'honneur et
« de la vertu. »

La sainte renommée et les sympathies du
cœur éclatent chaque jour autour des cendres refroidies de mon défunt, et je ne veux
pas, moi, le fils de son âme et de son cœur,

aujourd'hui son biographe, accompagner son nom des expressions de ma timidité. Je puis, et même je veux lui appliquer ce que Lacordaire disait de Mme Swecthine, son amie : « Tant que l'homme vit, la modestie doit « garder ses actes, et l'amitié elle-même doit « être contenue par la pudeur ; mais la mort « a cela d'admirable, qu'elle donne au sou- « venir, comme au jugement, toute sa li- « berté. »

Mon défunt est certes l'homme qui a le moins besoin du secours, toujours un peu passionné des journaux ; la célébrité, la popularité qu'ils ménagent, son nom, à lui seul les possède ; et une simple notice, accompagnée d'impressions intimes, suivies de quelques pages prises dans ses manuscrits siéront mieux, ce me semble, à sa douce mémoire, que les éloges officiels, qui ont bien rarement le mérite de faire connaître sous leur vrai jour ce qu'ils louent.

Le narré de mon travail biographique sera parfois de très-franche allure, et ma plume écrira toujours sous la dictée de mon cœur, brisé par la mort de celui qui m'aima le mieux et le plus tendrement. Dieu m'a donné peu d'amis intimes, ce dont je le remercie. Mais,

ce peu est de bonne race, de trempe géné
reuse et de solide dévouement. Le héros de
mes pages était mon intime et le meilleur.
Une heure de conversation avec lui me remplissait le cœur et m'illuminait. J'admirais
l'harmonie de nos âmes et je me l'expliquais
en m'affirmant avec une certaine fierté que
Dieu, le père de son âme et de la mienne,
avait préparé dans l'éternité ce qu'il voulait
rapprocher dans le temps. Son affection pour
moi ne sera jamais remplacée, je le sens chaque jour davantage. Il m'a prodigué son amitié paternelle et les conseils de son cœur, surtout aux moments les plus graves de ma vie;
et, grâce à lui, j'ai traversé pacifiquement
des défilés par où je ne repasserai jamais. Il
m'a enveloppé des douceurs de son âme aux
heures critiques de mon initiation au sacerdoce; cela, a dit un contemporain, est *inou-
bliable*.

Je vais donc parler de lui et ne point bannir, dans mon parler, pour lui et avec lui, les
chaudes paroles d'un cœur qui se souvient.

Je publie mon travail sous forme d'impressions adressées à diverses personnes
amies de mon défunt et de moi. J'écrirai ou

je tairai les noms de mes correspondants, selon l'opportunité dont je me fais le seul juge.
Cette forme est à l'ordre du jour ; par elle, et
à la faveur du laisser-aller intime qu'elle pro-
voque, je dirai mieux les origines de la famille de mon défunt et les nobles traditions
de ses ancêtres. Par elle, je reconstituerai le
blason d'honneur et de gloire militaire de
son père, le type du soldat chrétien. Par elle,
j'irai plus facilement à travers les phases diverses de sa vie : depuis son enfance, au village de Balleville, jusqu'à sa vieillesse, en
passant par son adolescence et sa studieuse
jeunesse à Chatenois, à Senaide, à Châtel-
sur-Moselle, à Saint-Dié ; en faisant une halte
aux étapes laborieuses de son sacerdoce, si
actif et si dévoué : à Neufchâteau, à Saint-
Prancher, à Rouceux et à Charmes.

J'arriverai ensuite aux peines de cœur,
aux tribulations de ses dernières années, aux
tristesses patriotiques qui le brisèrent et le
conduisirent peu à peu aux affres de l'agonie,
aux angoisses de la mort ; puis à des obsèques triomphales, puis enfin au sépulcre glorieux où il repose sous l'œil du Christ, le bon
maître, et sous la garde d'une noble cité, senti-

nelle d'honneur de ses restes aimés. Je dirai encore, dans le même mode de style, ce qu'il a laissé échapper de sa plume, au début de son sacerdoce ; je fragmenterai ses sermons et ses homélies et je transcrirai fidèlement les passages les plus riches et les plus éloquents de ses manuscrits (1) ; je dirai un mot de son amour pour les arts, de ses idées politiques, et des œuvres de sa charité et de son cœur. Mes pages n'apprendront rien de nouveau à ceux qui l'ont connu, mais elles raviveront le souvenir de ses actes héroïques, de son noble dévouement, de ses généreux projets, de sa parole ardente et de toute sa vie, faite de bonne et indulgente charité.

Hier encore, la littérature se complaisait dans les types du prêtre absurde ou odieux : l'un, bassement accroupi aux pieds d'un conventionnel en démence ; l'autre, dans l'attitude d'un *bravache* impie et d'un fanfaron du vice. A côté du roman, voici l'histoire ; en regard du faux prêtre, voici le vrai prêtre du Christ. On peut dire de lui ce qu'Henri IV disait de Crillon : « Il faut le

(1) Ses sermons, ses homélies formeront un volume à part.

« montrer à ses ennemis comme à ses amis.»
Mais, pourquoi parlerais-je de ses ennemis?
il ne les a jamais maudits, et aujourd'hui,
dans ses extases célestes, il prie pour eux et
prie pour tous.

Il reste, dans la Jérusalem d'en haut, ce
qu'il fut dans la Jérusalem d'en bas, *le prêtre pour l'éternité*, le suppliant disciple du
prophète des larmes, que l'Écriture acclame
en ces termes :

« Voici celui qui aime ses frères et le peu-
« ple d'Israël ; voici celui qui prie beaucoup
« pour le peuple et pour la cité sainte. »

Il est mort « plein de jours, » selon l'expression du poète, et cependant il est mort
jeune, car il manquera toujours aux âmes
qu'il a aimées et aux nobles causes qu'il a
servies. Sa mort a fait taire tristement son
cœur, harmonieux écho où battait le cœur du
Christ et de la France. Un jour, bientôt peut-
être, l'heure qui a sonné pour lui sonnera
pour moi. Comme lui, j'aurai l'apparence
d'un endormi, comme lui, je serai de la famille des morts. Mon âme mystérieuse s'é-
chappera d'un coup d'aile des liens terres-
tres, pour apparaître dans Sion ; il viendra

m'y recevoir avec mon ange gardien. Je me presserai rayonnant près de lui et, joyeux, je lui redirai le doux parler et l'éternel cantique de la reconnaissance et de l'amour!!!

L'abbé P. HUOT.

Paris, 12 janvier 1878.

I

Les ancêtres de M. Huot.—Esquisse biographique sur Pierre Huot, son père. — La famille lorraine de Saint-Martin. — La famille Huot. — Jean Huot, suffragant de Metz, Evêque de Basilie. — Le petit berger. — 1re Communion. — Pierre Huot à 17 ans. — Ses vingt ans. — Il s'engage comme volontaire. — Le village d'autrefois. — Le village d'aujourd'hui. - La gent avocassière et radicale. — Paris avant 1789. — Les joyeux viveurs. — Le diamant et le morceau de feutre.— *In medias res.*— Bonaparte et le savant Blanchard. — Pierre Huot à la Fère. —Lafayette.—De Caulaincourt.—Le Chouans.—Les Bleus. — Charette.— Le curé vendéen et Pierre Huot.—Pierre Huot blessé.— Le voyage à Bourbonne-les-Bains.— Les fiançailles. — La messe en *noir*. — Retour au foyer paternel.— Le 29 Mai 1796.

I

« *A mon père : François-Sigisbert Huot.* »

———

Au seuil de mes pages, vouées à la biographie de Jean-Baptiste Augustin Huot, il me plaît de vous prendre pour premier compagnon de voyage. C'est justice, puisque vous eûtes l'honneur d'être son premier compagnon d'enfance et de jeunesse, le plus cher et le plus aimé. Avec vous, je remonterai jusqu'à votre père ; je me pencherai vers ce père, comme le voyageur qui se penche, avec je ne sais quel respect mystérieux, sur les flots originels d'un fleuve aux rives fécondes.

Un auteur contemporain (1) plaçait hier sa poésie sous l'égide du cœur de son père et de sa mère. Il leur dédiait son œuvre avec une douce fierté, qui s'exprimait ainsi :

« Eh bien, oui ! si puissant que soit le ridicule,
« Si mauvais air qu'on ait à bien parler de soi,
« C'est assez qu'on hésite et trop que l'on recule,
« Lorsque l'orgueil est juste et que le cœur est droit. »

(1) Paul Deroulède.

C'est avec le même orgueil filial que je place sous votre égide les choses brèves que je vais dire sur votre père, cet homme au cœur héroïque et à l'âme religieuse.

Chercher Dieu, le trouver, l'aimer, et le faire aimer par les siens, ce fut toute la vie de Pierre Huot, glorieux soldat de la France, sous le règne de l'infortuné Louis XVI, et sous le dur régime de la première République.

Il naquit à Martigny, canton de Coussey (Vosges), le 3 mai de l'année 1756. Son père, Antoine Huot, et sa mère, Barbe de Saint-Martin, étaient de modestes cultivateurs, qui aidèrent pendant quelques années François de Saint-Martin à cultiver la ferme de Gerbonvaux, située sur la voie romaine et qui aujourd'hui est encore debout avec ses vieilles murailles aux couleurs grisâtres (1).

(1) François de St-Martin mourut d'une mort tragique. Il avait été mordu par un loup hydrophobe. Il fit un pèlerinage au sanctuaire de St-Hubert et en revint guéri. Plusieurs années après, comme il conduisait une voiture de paille au lieu même où le loup l'avait mordu, une branche de rosier sauvage lui arracha son bonnet de la tête. Pris d'une terreur subite, il jette un cri et abandonne son équipage, retourne à sa ferme, et dit à sa femme : « Je suis un homme perdu ! » En effet, la rage le reprit, et le surlendemain, il expira dans des convulsions atroces.

Barbe de Saint-Martin était de noble race et de lignée aristocratique. La famille de Saint-Martin était d'origine italienne. Transplantée en France, elle vécut d'abord à Dijon, puis en Lorraine au XVIe siècle.

Jean de Saint-Martin, général au service de l'Italie, fut la base glorieuse de l'arbre généalogique des de Saint-Martin de Lorraine : il vint habiter Martigny en 1550. Ses descendants n'ont pas été sans glorifier son nom et sans faire honneur à leur patrie adoptive. L'un d'eux, le fils du général, a servi comme cadet au régiment royal, sous Louis XIV ; il mourut à Martigny en 1684. Un autre, Jean de Saint-Martin (dit Mont-d'Or), était maire, pour sa part de seigneurie, avec M. de Lamécourt, et échevin de la paroisse, en 1750. Laurent-Barthélemy de Saint-Martin était commissaire des guerres, et chevalier de la Légion d'honneur. Il était né en 1790. Les filles de ce dernier, mesdemoiselles Emilie et Augustine, se sont mariées, l'une à un chef de bataillon du génie, l'autre à un sous-intendant de l'armée.

Jules-Edouard de Saint-Martin, né en 1812, mourut en 1856, après une brillante carrière militaire; il était capitaine d'artillerie et chevalier de la Légion d'honneur. Ses deux filles,

Alice et Jeanne, ont été élevées à Saint-Denis, à la maison impériale.

En 1843, Jean-Baptiste de Saint-Martin était receveur général des Finances à Epinal. Les derniers descendants de cette belle famille sont disséminés aujourd'hui sur la terre de France, mais leurs attaches de cœur les retiennent plus nombreux en Lorraine : à Metz, à Epinal, à Neufchâteau, à Martigny. Les uns y exercent des emplois publics et officiels, d'autres y vivent de leurs revenus ou du travail des mains. Mais tous et toutes sont dignes de leurs ancêtres, dignes de leur titre nobiliaire, resté depuis trois siècles sans l'affront ni l'injure d'une mésalliance (1).

En 1754, quand Barbe de Saint-Martin se maria à Antoine Huot, elle savait par son père que la famille Huot de Lorraine n'était point une famille vulgaire et commune, mais bien une famille distinguée, qui, à diverses époques, avait donné de son sang pour la France sur des champs de bataille fameux, et qui avait illustré les siéges épiscopaux de Verdun, de Toul et de Metz (2). On lui avait

(1) C'est à l'obligeance de mesdames Anne et Olympe de St-Martin que je dois ces renseignements de famille.

(2) Jean de Hoyo (ou Huot), évêque de Toul et Primicier de Metz en 1372.

dit que Jeanne d'Arc avait eu Pierre Huyault,
ou Huot, pour un de ses gardes du corps et
pour compagnon d'armes. On lui avait dit
que l'évêque coadjuteur qui présida à la consécration solennelle de la cathédrale de Metz,
était le seigneur Jean Huot (1). Elle n'ignorait point que cette famille, alliée aux Huot de
Champagne, aux Hugo et aux Hugues, avait
de vieilles origines, se mêlant aux origines de
la monarchie austrasienne.

Au seuil du xviiie siècle, la famille Huot de
Lorraine était installée à Metz, aujourd'hui
elle habite Epinal, Neufchâteau, Martigny,
Chatenois et Balleville (2).

(1) En 1450, la cathédale de Metz était entièrement
achevée, et le 24 mai de cette année, Jean Huot, évêque
de Basilic et suffragant, en fit la consécration solennelle.

(2) Balleville n'était alors qu'un modeste village de 300
« âmes. » Je souligne cette expression usitée dans les
vieilles satistiques de mes compatriotes, qui ne voyaient
aux foyers domestiques que des âmes crées à l'image de
Dieu, et qui nommaient leurs habitants des pèlerins d'En-
Haut, faisant une halte brève ou prolongée sous des abris
dressés au fond des vallées des Vosges, sur le versant
des montagnes, sur le penchant des collines et sur les
bords des eaux tranquilles. Ce village dépendait de la
ville de Chatenois, sa voisine, qui exerçait sur lui une su-
zeraineté civile et ecclésiastique.

C'est vers ce dernier village des Vosges que s'acheminèrent Antoine Huot et Barbe de Saint-Martin, dans l'automne de l'année 1760, avec Pierre Huot, leur fils, âgé de quatre ans. Aussitôt que ce dernier put se mouvoir et marcher librement, ses parents l'envoyèrent aux champs et lui confièrent la garde d'un troupeau. A cette besogne, Pierre se forma au joug de la discipline. Il ne vint s'asseoir sur les bancs de l'école qu'à l'époque de sa première communion ; mais il n'y vint pas, ne sachant rien des éléments de sa langue et des enseignements religieux. Barbe de Saint-Martin, sa mère, lui avait appris à balbutier pieusement la prière du matin et du soir, puis avait épelé avec lui les premières pages du petit catéchisme. Antoine Huot, son père, lui avait fait une classe de français chaque dimanche, entre messe et vêpres; et lui avait enseigné un peu d'histoire et de géographie. Le petit garçon docile avait étudié, surtout aux longs jours, sous l'abri des grands arbres, sur la lisière d'un bois, pendant que son petit troupeau paissait dans un enclos de prairie. A l'âge de treize ans, Pierre fit sa première communion dans la pauvre église de Balleville, avec une douce et simple piété; son père et sa mère l'accompagnèrent à la table eucharistique et revinrent avec lui à la maison heureux et fiers. Quand ils regardèrent ce jour-là leur premier communiant, ils virent passer sur son visage et à travers ses yeux bleus comme un éclair, présage de son avenir et des grandes choses qui devaient couronner sa jeunesse et donner à son âge mûr un relief de gloire militaire, relief donné rarement par la Providence aux enfants des campagnes, surtout à cette époque où les fils de la noblesse armoriée encombraient seuls les chemins et les voies ouverts aux honneurs et aux charges publics.

Le jeune Pierre a grandi : il a 17 ans ; à cet âge, il est toujours le même, un bon fils, aimé de ses parents, et un bon frère, aimé de son frère et de ses sœurs (1). Ouvrier des champs, robuste et intelligent, il est regardé par ses camarades comme leur modèle à tous. C'est avec eux qu'il prie dévotement chaque dimanche, dans l'église de Balleville ; c'est lui qui donne à tous l'exemple de la courtoisie et des bons égards pour le bon curé de la paroisse.

(1) Ses frère et sœurs furent : Thomas, Marie-Anne et Marguerite, qui vécurent de longs jours et moururent laissant à leurs descendants une mémoire bénie des hommes et de Dieu.

En ces temps-là, la physionomie matérielle et morale du village et du hameau français, du hameau de Balleville en particulier, etait celle-ci (1) :

« Des champs de froment, des épis lourds et inclinés sur leurs tiges, puis des prairies d'un vert sombre, puis encore des coteaux de vignes ; dans le lointain du village, la grande forêt; dans un horizon rapproché, des bouquets de bois, plantés de chênes et de hêtres. Le village est en fête, la vigne en fleur promet une belle vendange au-dessus de la moisson déjà mûrie.

« Et là, la faucille à la main, les femmes mettent en gerbes cette richesse réelle que leur donnent la nature, la Providence et le travail. Les uns et les autres ont sur la tête des chapeaux de paille ornés de rubans, fanés au soleil, car le travail est rude par le chaud soleil, mais cependant ils sont gais, ils chantent.

« Ils sont pauvres, mais ils ne sont pas misérables, leur pauvreté est joyeuse et paisible. Ils ne manquent que de choses qu'ils ignorent, leurs désirs se bornent à la satisfaction des besoins réels et peu nombreux, que le travail

(1) **Alphonse Karr.**

peut toujours contenter ; ils n'éprouvent ni envie, ni haine, ils n'ont guère d'or ni d'argent, mais ils voient, ils manient sans cesse les vraies richesses, que cet or représente. Leur métier est le seul qui puisse se passer des autres, et aucun autre ne peut se passer du leur. Il leur importe peu qui règne et gouverne ici-bas, il leur suffit que la pluie, le soleil et la terre fertile leur disent qu'il y a un Dieu puissant et bon qui règne et gouverne là-haut. »

Combien cette physionomie des villages de France est bouleversée, combien peu les villes et les villages d'aujourd'hui ressemblent aux villes et aux villages d'autrefois. Aujourd'hui, le peuple se laisse séduire par des avocats de langue et de plume, par des orateurs de taverne, par des piliers d'estaminet. Ces empoisonneurs de papier ont corrompu et corrompent tous les jours, par leurs sottes paroles, prononcées ou écrites, nos ouvriers et nos paysans. Ils les ont rendus fous, envieux, méchants, misérables ; ils ont accru leurs besoins de cent besoins factices, que le travail est impuissant à satisfaire et qui ne peuvent s'assouvir que par la violence et les révolutions ! Le venin s'est propagé, grâce aux clubs et aux cabarets où il se répète, où il se croit tant de bêtises criminelles et funestes, et d'où l'on sort ivre, fatigué, découragé, envieux, haineux et malheureux. Je m'attarderais dans cet ordre d'idées, si je ne passais vite ; volontiers, j'entrerais dans la mêlée conservatrice pour rompre des lances, et ainsi venger mon pays et ses traditions sacrées, insultés par la gent avocassière et la gent radicale.

Je reviens au foyer honnête d'Antoine Huot, et j'y retrouve son fils, Pierre, fier de ses vingt ans. A vingt ans, c'est le printemps de la vie, c'est l'époque heureuse ou fatale pour un jeune homme. Comme au printemps, saison des fleurs et des parfums, tout est fleur et parfum dans le cœur pur ; et les vingt ans mêlent leurs voix aux voix diverses que la nature fait entendre.

Pierre Huot n'échappa point aux conversations silencieuses de l'âme avec la nature, et il confia souvent ses rêves d'avenir aux nuées qui passaient et s'en allaient vers les lointains horizons.

L'avenir lui apparut un jour au passage d'un officier du roi Louis XVI, envoyé de Versailles pour recruter des hommes en Lorraine ; il résista à ce premier appel vers le noble métier des armes. Il ne s'y résolut que trois années plus tard, après avoir plaidé sa cause et justifié sa vocation militaire en conseil de famille.

Ce fut en 1780, le 1er avril, qu'il s'engagea volontairement au 7e régiment de cavalerie (royal étranger). Je ferais injure à sa mémoire, si j'affirmais qu'il laissa derrière lui son village et le foyer paternel, sans emporter une blessure au cœur, la blessure des amours, des amitiés brisées par l'absence. Il pleura, comme a dit l'Ecriture, « *sur le cou* » de son père et de sa mère, puis il partit de Balleville, et, d'étape en étape, arriva en plein cœur de France. Il fut envoyé à Paris.

« Foyer agrandi des arts, des idées et des talents, arbitre suprême du goût, promoteur des réputations, centre européen des influences irrésistibles, vraie capitale de ce pouvoir nouveau, la mode et l'opinion, le Paris d'alors régnait sur la France, sur la civilisation même ; il éclipsait Versailles, il devenait le Versailles de la nation. Le prince de Talleyrand, se reportant avec émotion à cette époque perfide et enchanteresse comme les sirènes de la fable, disait dans ses vieux jours : « Quiconque n'a pas vécu avant 1789 ne connaît pas la douceur de vivre. » Cette aristocratie élégante, spirituelle, lettrée, dont on ne reverra jamais ni les splendeurs ni les félicités évanouies, cette société pleine de contrastes, charmante dans ses illusions, dans ses rêves, dans ses inconséquences, où, suivant la remarque du comte de Ségur, on parlait d'indépendance dans les camps, de démocratie chez les nobles, de philosophie dans les bals, de morale dans les boudoirs, cette passion pour la littérature, pour les arts, pour le théâtre, ce mélange de liberté et de royauté, d'aristocratie et de démocratie, de préjugés et de réformes, d'ancien régime et de mœurs nouvelles ; tout cela formait un tableau dont les couleurs étaient aussi vives que variées (1). »

« Ceux qui ont vécu dans ce temps, s'est écriée Mme de Staël, ne sauraient s'empêcher d'avouer qu'on n'a jamais vu tant de vie et tant d'esprit nulle part, et l'on peut en juger par la foule d'hommes de talent que les circonstances développèrent alors... Dans aucun pays ni dans aucun temps, l'art de parler, sous toutes les formes, n'a été aussi remarquable. » Moment rapide, mais délicieux ! « Comme l'astrologue de la fable, on tombait dans un puits, en regardant les astres. »

(1) Voir : Les Femmes sous Louis XVI, par Imber de St-Amand.

Pierre Huot ne fut point mêlé à ce mouvement de l'aristocratie française qui, follement, s'en allait vers l'abîme révolutionnaire ; sa position de simple soldat, retenu dans un quartier de cavalerie par les exigences rudimentaires du service, ne lui donnait aucun loisir. Mais il ne laissa pas que de remarquer combien ses chefs, fils de haute noblesse, n'étaient point à la hauteur d'un commandement militaire, et combien leurs devoirs professionnels étaient négligés au profit de je ne sais quelles organisations joyeuses, dignes peut-être des pages de la cour, mais indignes à coup sûr des officiers de l'armée. Ces messieurs s'amusaient et ne s'apercevaient pas que le flot de l'indiscipline montait parmi leurs hommes à mesure que les soirées, les bals, les petits soupers multipliés, métamorphosaient les camps en carrousels et en cités de plaisirs. Plusieurs de ces joyeux viveurs, gentilshommes d'épée, feront plus tard des réflexions pleines d'amertume, mais inutiles, soit en gravissant les degrés de l'échafaud, soit en montant et en descendant l'escalier d'autrui sur la terre étrangère.

Pierre Huot, malgré sa clairvoyance sur le mérite ou le démérite de ses supérieurs, resta cependant un soldat obéissant, comme il avait été un fils soumis. Ses chefs l'aimaient et se plaisaient souvent à l'interroger, à provoquer ses réparties pleines de finesse, quoiqu'enveloppées dans un langage rustique. Avec ses qualités précieuses et sa dure franchise, il leur représentait le cadeau symbolique que le roi d'Angleterre offrit à Pierre le Grand : un diamant de l'eau la plus pure enveloppé dans un morceau de feutre. On prétend, du reste, que le soldat vosgien présente toujours les mêmes traits de physionomie, tout à la fois délicate et rude, et que, vivant à Paris, il y est comme la plante de ses montagnes qui, transportée sur un autre sol, emporte à ses racines une motte de terre natale et garde je ne sais quel air fier et sauvage.

Les quelques notes que j'ai recueillies sur le séjour de Pierre Huot à Paris, me lancent *in medias res*, selon l'expression d'Horace, c'est-à-dire en plein mouvement des personnes et des choses, de 1784 à 1799, et cela sans aucune préparation. Je sais qu'il fut témoin du départ d'un aérostat, emportant dans sa nacelle le savant Blanchard et Dom Pock, le docte religieux bénédictin. Au moment du départ, il vit un élève de l'Ecole militaire se présenter à Blanchard et demander à partir avec lui ; Blanchard refusa, le jeune homme tira son épée et voulut crever l'aérostat. On a prétendu long-temps que cet irascible jeune homme, épris de l'inconnu jusqu'à la fureur, était Bonaparte. Il paraît prouvé aujourd'hui que ce n'était pas lui. Je le regrette au point de vue de l'art. « Quoi de plus naturel que de voir ce génie qui se cherche encore, ce puissant esprit que tourmente l'énigme de la Destinée, s'éprendre de cette découverte et rêver de conquérir le ciel avant de rêver à conquérir la terre. Celui qui songeait tout jeune à l'Orient mystérieux, celui qui, quelques années plus tard, devait pleurer en assistant de loin au 10 août et en voyant Louis XVI cesser la lutte au lieu de se faire tuer à la tête des Suisses, celui-là aurait pu éprouver à coup sûr un frénétique désir de prendre part à ces entreprises hardies, prêtes peut-être à changer la face du monde. » (1)

Je sais aussi que Pierre Huot, soldat, n'a jamais rougi de sa foi, et cette révélation de ses croyances, sans forfanterie comme sans respect humain, me fait dire de lui ce qu'écrivait le chancelier d'Aguesseau du Dauphin, pendant la campagne de 1745 : « Ah ! monsieur, qu'il est beau à un prince de cet âge, et au milieu du tumulte des armes, de ne pas rou-

(1) Imbert de St-Amand.

gir de Jésus-Christ. » Ce que je pourrais dire encore de Pierre Huot comme simple soldat ne suffirait pas pour recomposer un passé. Toutefois, il est intéressant de savoir qu'il n'obtint sa nomination de brigadier que le 27 mai 1787, c'est-à-dire après sept années de services. Le Roi ne jugea pas à propos d'appeler le régiment dont il faisait partie, comme régiment d'honneur chargé de veiller sur Sa Majesté et sur la famille royale : il aima mieux s'entourer de sa garde étrangère.

Je ne le blâme pas, mais je me plais à croire qu'entouré d'une légion de soldats braves et vaillants comme le brigadier Pierre Huot, le Roi eût été respecté aux jours de ses luttes avec la populace ameutée. Le 7e régiment de cavalerie était connu comme très-dévoué au roi, et c'est peut-être à cause de cela qu'on le tint éloigné de Versailles, durant la période révolutionnaire de Paris.

Parmi les phases de la Révolution, il en est une qui se détache sur toutes les autres par son éclat sinistre, qu'il serait injuste de confondre avec la Révolution elle-même, mais qui en a été le point culminant et qui en restera l'éternel opprobre ; c'est la Terreur.

Pierre Huot n'en fut le témoin, ni à Paris, ni à Versailles. Il n'assista aux scènes sanglantes de cette Terreur que par intervalles bien rares sur les places publiques des villes et villages de la Vendée.

Il se disait, avec les bons esprits, que le trône de France était occupé dignement, mais non comme il aurait dû l'être, par ce temps d'orage.

Toutes les vertus guerrières et toute la dextérité politique, toute la résolution et toute la finesse de Henri IV n'auraient pas été de trop pour sauver la monarchie, et ces grandes qualités n'étaient pas arrivées jusqu'à Louis XVI. Ce prince, le meilleur des rois, avait porté sur le trône des vertus privées qui en étaient depuis longtemps bannies ; il aimait le bien et ne manquait ni de sens ni de savoir, ni de ce tranquille courage qui fait supporter le martyre avec sérénité ; mais sa timidité lui ôtait tout prestige, et son indécision le faisait flotter au vent de tous les conseils. Marie-Antoinette enfin, noble et courageuse princesse, qui joignait, quoique la calomnie en ait pu dire, tant de vertus à tant de grâces, n'avait reçu malheureusement ni le génie ni l'éducation politiques qu'une telle crise aurait demandés, et d'ailleurs, elle n'était pas le roi.

Pierre Huot jugea encore que tout était consommé, quand on lui apprit qu'au matin du

21 janvier 1793, on avait vu passer avec indifférence, dans les rues de Paris, la charrette sanglante conduisant le roi à la guillotine.

Hormis sur les frontières, où les Français redevenaient eux-mêmes en présence de l'ennemi, et sur les terres de Bretagne et de Vendée, où les soldats de la nation écrasaient la chouannerie après de rudes combats, la France n'était plus qu'un troupeau de victimes tremblantes, gardé par une meute de chiens enragés. Toutes les vertus publiques avaient fait place à une espèce de résignation passive, digne des peuples courbés sous le niveau de fer du fatalisme.

Nous retrouvons donc Pierre Huot en Bretagne et en Vendée. Il y est le 8 avril 1792, comme sous-officier au 6e régiment d'artillerie (1). Les Bretons et les Vendéens avaient dit : « L'Europe nous aide. Finissons-en avec la Révolution. Les rois lui font la guerre des royaumes, faisons lui la guerre des paroisses ! » (2)

Voici l'ordre :« Insurgez-vous ! pas de quar-

(1) Ce régiment tint garnison à La Fère. Dès le début de son engagement dans l'artillerie, Pierre Huot avait eu pour chef le général de La Fayette, et pour colonel le brave de Caulaincourt.

(2) Victor Hugo.

tier ! » Et ils s'étaient insurgés contre la République révolutionnaire aux cris de : Vive Dieu ! Vive le Roi !! Les voici par bandes isolées ou par bataillons serrés ; ils vont contre les Bleus et portent des cœurs de Jésus sur leurs vestes de cuir.

Pierre Huot eut à lutter diverses fois avec eux : « Fertes, fourches, faulx, fusils vieux et neufs, couteaux de braconnage, broches, gourdins ferrés et cloutés, c'étaient là leurs armes. » Il en blessa plusieurs, il en tua quelques-uns dans les combats qui portaient en sautoir une croix faite de deux os de mort. Il était sous les ordres du général Canclaux, le défenseur de Nantes, quand, sur la rive sud de la Loire, ce brave tint en échec les bandes du Marais commandées par Charette.

C'est à la suite d'une brillante escarmouche contre Charette et son escorte que Pierre Huot fut nommé lieutenant d'artillerie. Il combattit encore sous les ordres du général Tuncq, et il fut de cette poignée de soldats qui mit deux fois en déroute, devant Luçon, la grande armée vendéenne qui, sous le vaillant d'Elbée, son nouveau chef, voulait s'emparer de cette ville.

Ce fut à la deuxième prise d'arme devant Luçon, contre les troupes vendéennes, qu'il fut blessé d'un coup de baïonnette qui lui traversa le corps et le laissa mourant dans un fossé. C'était au soir du 14 août 1793. La veille de ce jour, Pierre Huot avait eu comme le pressentiment d'un grand danger. Il s'était glissé furtivement hors du camp des Bleus, ses camarades d'armes, ses compagnons de gloire militaire, sinon de dévotion et de piété, et avait pris un chemin creux qui aboutissait à une petite église de village. La silhouette du clocher de cette église, se découpant nettement à l'horizon, lui rappela le clocher de son village de Balleville ; il vit avec grande joie au cœur une tour surmontée d'une pyramide ardoisée, une cage de cloche, carrée, à jour, sans abat-vent, ouverte aux regards des quatre côtés, et il entra sous le porche pour faire sa prière. Il lui vint en pensée de se confesser et, après maintes recherches solitaires (car tout était dévasté en dedans et en dehors des murailles sacrées), il avisa un pauvre vieillard couvert de haillons comme un *caimand* ou mendiant breton. Il l'accosta, le supplia de lui indiquer la porte du presbytère. — Ce presbytère n'est plus, répondit le vieillard ; vos soldats l'ont ruiné, y ont mis le feu, et j'en étais le pacifique habitant, je suis le prêtre de cette église où vous êtes entré tout à l'heure, je suis le vieux curé de cette paroisse faite de huttes et de chaumières éparses çà et là autour de nous. Que me voulez-vous?

— Je veux, dit le lieutenant, me préparer au combat de demain par l'aveu de mes fautes; mon curé, qui est là-bas au fond des Vosges, dans mon village, m'a recommandé d'aimer le bon Dieu et de lui demander pardon de temps en temps. Voulez-vous me confesser? —Volontiers, mon ami; venez avec moi. Et tous deux, le vieux prêtre royaliste et le jeune officier de la République, se dirigèrent sous un abri de branchages appuyé sur une vieille muraille. L'officier se mit à genoux sur la terre nue et ne se releva qu'après avoir reçu du vieux prêtre une bonne absolution, suivie d'une parole d'amitié, où le prêtre et son pénitent se donnèrent rendez-vous dans le paradis. Et cette scène touchante resta toujours fixée au cœur du lieutenant Huot; il ne l'oublia jamais. Il se plaisait à parler avec reconnaissance de son bon curé vendéen. « Il était beau, disait-il, sous ses haillons déchirés; quand il abaissa la main sur ma tête pour me bénir et me pardonner au nom de Jésus, le soleil illuminait son visage; et je pensais qu'il y avait joie dans la nature à cause de ce prêtre, car en même temps que le soleil nous visitait, notre pauvre abri s'était paré de fleurs comme par enchantement; on avait autour de soi une tremblante muraille de branches d'où tombait la charmante fraîcheur des feuilles. » Ce ne fut que le 15 août, au matin, c'est-à-dire après une longue nuit de douleurs, que le lieutenant fut recueilli par les siens sur un grossier brancard, et porté à demi-mourant dans une auberge de Luçon. Grâce à la Providence qui se le réservait pour l'avenir, grâce à son vigoureux tempérament, il put bientôt se tenir debout à l'aide de béquilles. Les chirurgiens militaires jugèrent à propos de l'envoyer à l'hospice de Niort, où il fut soigné maternellement par de bonnes religieuses oubliées par la Terreur dans leur maison de paix et de charité. Il y demeura jusqu'au printemps de 1794. C'est aux derniers jours de sa convalescence qu'il reçut le brevet de capitaine d'artillerie. Ce brevet était bien mérité, il avait été gagné au prix du sang répandu pour la France.

Le nouveau capitaine, se reprochant de prolonger son séjour à l'hospice, brûlait du désir de reprendre son rang à la tête de sa batterie de canons, et de faire assaut de vaillance sous l'œil de ses chefs. Il rentra donc dans son régiment et fut reçu par ses soldats et par ses camarades comme on reçoit un ami dont on a pleuré la mort et qui revient plein de vie et de santé.

Mais il sentit bientôt que ses forces corporelles étaient moindres que ses énergies morales et patriotiques; sa blessure se rouvrit et le força de nouveau à l'inaction et au supplice d'un repos absolu. On dit qu'il pleura quand il reçut ordre de son colonel de se confier de nouveau aux soins de la science médicale, et quand on lui remit une feuille de route pour se rendre à Bourbonne, la ville thermale par excellence, favorable aux blessures faites par le feu et l'arme blanche. A quelques lieues de Bourbonne, près d'un village qui regarde la montagne historique de La Motte, le capitaine entra dans une ferme pour s'y reposer et prendre un peu de nourriture. Le maître de cette ferme l'accueillit avec bonté et lui offrit généreusement l'hospitalité. Il advint que la jeune fille qui le servit à table était native de Balleville. Elle put donc lui donner des nouvelles d'Antoine Huot et de Barbe de Saint-Martin, son père et sa mère. Elle lui dit, entre autres choses : « Monsieur le capitaine, ah ! comme on serait fier de vous voir dans notre village, on se mettrait sur le seuil de l'église et sur les portes des maisons pour mieux vous regarder et vous dire bonjour. On vous a cru mort chez nous ; votre père et votre mère ont fait dire une messe *en noir* pour le repos de votre âme. » Le capitaine, ému de ces détails, se mit à pleurer de joie, et serra la main de la jeune fille pour la remercier. Puis il sortit de la ferme, disant à ses hôtes non un adieu, mais au revoir! Il revint, en effet, dans cette même ferme, après un long séjour de convalescence à Bourbonne-les-Bains, et demanda en mariage la jeune fille qui avait charmé son cœur une première fois par sa simplicité, sa douceur pieuse, plus encore que par son ardeur au travail.

Cette jeune fille, promise au capitaine Huot, quitta la ferme, et revint à Balleville chez les siens, hâtant par ses désirs et par ses prières à l'autel de Marie le jour où son fiancé serait libre du service militaire.

Le 29 mai 1796, Pierre Huot, capitaine au 6e régiment d'artillerie, se retira dans ses foyers à Balleville, pour cause de blessures au champ d'honneur. Il était âgé de 40 ans.

II

M. Huot à Balleville. — *Son enfance.* — *Sa jeunesse.*
— Balléville. — L'an VI de la République. — Instruction
laïque et obligatoire. — *Sicut novellæ olivarum.* — En 1805.
— *Quis puer iste erit?* — Une bonne mère. — L'amour
filial. — « Un réveil d'enfant, c'est une ouverture de fleurs. »
— Les petits orphelins. — Le petit pâtre. — Les récits
du bivouac. — « Oncques si bel homme ne vis! » — Le
sommeil interrompu. — Dernières paroles. — « Les
épines s'en vont aussi bien que les roses. » — « Adieu!
je n'en puis plus! » — Deux fois orphelin!

II

Les événements de la vie, sont comme un
texte écrit sur un parchemin que l'esprit peut
étudier et commenter. Il y a du charme à suivre avec attention et respect la chaîne des circonstances qui ont aidé à l'accomplissement
d'une pensée ou d'une mission de Dieu.

C'est surtout dans les premières années
d'Augustin Huot qu'il faut suivre un enchaîne-
ment de faits et de détails, insignifiants peut-
être s'ils restent isolés, mais très-significatifs,
si on les rattache aux faits et aux détails de
son âge mûr et de sa vieillesse.

C'est ainsi qu'on peut saisir la simplicité intelligente et la bonté de sa franche nature. Ce

qu'il fut plus tard, lorsqu'une sorte de suprématie lui échut, il l'était déjà, lorsqu'il dépendait soit de son père et de sa mère, soit de ses maîtres, soit même de la fortune, quand il fut orphelin. Jamais il n'y eut de caractère plus *un*, parce que jamais il n'y eut d'âme aussi inaccessible à la vanité.

Ce fut le quatrième jour du mois de thermidor, l'an VI de la République, et par devant Pierre-François Collignon, agent municipal de la commune de Balleville et du Mesnil, que Pierre Huot, capitaine d'artillerie en retraite, et demoiselle Marguerite Tocquard, déclarèrent se prendre mutuellement pour époux. L'acte, rédigé aux registres de la municipalité, porte les signatures des parents, des témoins et des époux, c'est-à-dire d'un groupe d'ouvriers des champs, qui n'avaient pas attendu que la République déclarât ouverte la période enchanteresse de l'instruction laïque et obligatoire, pour savoir lire et écrire, et ainsi atteindre le *summum* intellectuel exigé du peuple souverain d'aujourd'hui. Après déclaration faite à l'agent municipal, les conjoints se rendirent à la petite église de la paroisse. Le bon curé les bénit au nom du Dieu d'Abraham, d'Isaac et de Jacob, et leur souhaita de voir autour d'eux s'élever et grandir les fils de leurs fils, jusqu'à la troisième et quatrième génération. — « Mon cher frère, ajouta le bon curé, aimez votre épouse comme Jésus a aimé son Eglise, chérissez-la comme une portion de vous-même : le ciel vous a donné l'empire sur elle, mais qu'une tendre amitié dirige toujours l'usage de votre puissance : « Ce n'est « pas une esclave, dit saint Ambroise, *c'est* « *une épouse que vous avez acquise.* » Que vos soins, vos attentions, vos égards lui fassent « oublier » ou plutôt « aimer sa dépendance. » — Et vous, ma chère sœur, soyez soumise à votre époux, comme l'Eglise est soumise à Jésus-Christ : « L'*époux*, dit l'apôtre, *est le chef de* « *l'épouse, comme Jésus-Christ est le chef de* « *l'Église.*» Que votre douceur écarte tout ce qui pourrait altérer la paix qui doit régner entre vous, que votre modestie, qu'une aimable prudence, lui répondent constamment de votre cœur et de votre fidélité. Songez que la vertu est infiniment plus précieuse que tous les avantages extérieurs. « *La femme qui craint* « *le Seigneur*, dit le sage, *mérite seule des élo-* « *ges, elle fera la joie de son époux et elle lui* « *fera passer dans la paix toutes les années de* « *sa vie.* »

Consacré par de pieux et austères souhaits, protégé par la prière, ce mariage fut béni de

Dieu. Le foyer de Pierre ¦Huot et de Marguerite Tocquard devint, comme le foyer des
vieux patriarches, un foyer rempli et peuplé.
On y comptera huit enfants, *un plant d'oliviers*, dit l'Ecriture (1). Pour suffire à l'honorabilité de sa vie et pour continuer les traditions de ses pères, Pierre Huot se fit agricul-
teur et se dépensa en longs travaux, pour
arriver au bénéfice d'une bonne moisson et
d'une grosse récolte. Il était heureux quand
ses chariots étaient remplis de gerbes et souriait quand les pauvres mendiants venaient
glaner quelques gerbettes dans ses champs.
Ces jours-là, jours de moisson, il disait comme
le personnage biblique à ses moissonneurs :
« Laissez échapper de vos mains des poignées
d'épis, et traitez bien doucement les petits enfants et les vieillards qui ramasseront ces
épis derrière vous. » Ces jours-là, il chantait
la miséricorde et la providence de Dieu, qui a
fait que le nid ne manque jamais aux oiseaux,

(1) Les enfants de Pierre Huot et Marguerite Tocquard
furent :

Marie-Rose-Sophie, née en 1799. — Marguerite-Appo-
line, née en 1802. — Marie-Catherine, née en 1803. —
François-Sigisbert, né en 1804. — Jean-Baptiste-Augustin, né en 1805. — Marguerite-Joséphine, née en 1807.
— Marie-Victorine, née en 1809. — Marie-Suzanne, née
en 1810.

qui donne aux fleurs des champs des couleurs
et des parfums, qui revêt les lys avec la magnificence que Salomon enviait dans ses rêves
de gloire et de parure royale, qui aime surtout
les petits enfants et les abrite tendrement,
« *comme la poule abrite ses poussins sous son
aile.* » Il bénissait la Providence, chaque fois
qu'un enfant lui était donné et remerciait Dieu
d'honorer ainsi son modeste foyer en y pla-
çant un de ses anges.

Aux jours d'automne, en 1805, il y eut
grande joie à la maison de Pierre Huot et dans
sa parenté, quand Augustin vint au monde;
c'était le renouveau de la joie qui avait salué,
une année auparavant, la naissance de son
frère François-Sigisbert. A son baptême on
lui donna un deuxième prénom, celui de Jean-
Baptiste, et plus d'un se disait la parole de
Zacharie : « *Quis puer iste erit? Que sera cet
enfant?* »

Bien qu'il soit de mode aujourd'hui de tout
improviser, l'éducation d'un homme ne s'im-
provise pas. Elle est l'œuvre patiente des premières années de la vie, elle s'élabore lentement et se développe dans une jeune âme,
comme la semence dans une terre vierge.
L'âme d'un enfant la reçoit, comme une cire
molle reçoit toutes les impressions; elle s'en pé-

nètre, comme l'éponge s'imbibe de l'eau dont on la mouille. Elle reçoit ce bienfait de l'éducation première, des pieuses tendresses d'une femme.

Séduit par le charme des souvenirs lointains qui ramènent la pensée aux heures bénies de l'enfance, où les bras d'une mère sont le plus doux des berceaux, je serais heureux d'énumérer ici les prérogatives de la mère de famille, de supputer la part qu'elle prélève dans les affections du foyer, de sonder les profondeurs atteintes par son action dans les principales déterminations de la vie. Mais je ne veux savoir qu'une chose, c'est qu'elle n'est faite ni pour commander les armées, ni pour écrire des lois, ni pour gouverner des peuples. Elle fait, comme l'a dit un homme de génie (1), quelque chose de plus grand que tout cela, puisque c'est sur ses genoux, et j'ajoute, au contact de son cœur, que se forme ce qu'il y a de plus excellent au monde : une âme humaine.

L'âme d'Augustin fut façonnée aux graves enseignements par sa mère. Elle lui apprit à joindre les mains et à lever les yeux en prononçant le nom de Jésus-Christ; elle ploya ses genoux devant son image et

(1) M. de Maistre.

porta à ses lèvres, ignorantes de ce qu'elles faisaient, le signe aimable et pourtant si sévère
de notre salut. Quand la raison parut dans
ses actes et inspira, quoique imparfaitement,
ses premières pensées, sa mère encore le con-
duisit aux pieds d'un vieillard, dans l'ombre
d'un lieu solennel, et le pressa de lui découvrir les troubles naissants de son cœur, ses
élans et ses peines, tous ces mouvements obs-
curs qui étaient en lui les avant-coureurs du
bien et du mal. Ainsi donna-t-il à Jésus-
Christ, dans la personne consacrée d'un de
ses disciples, les prémices de sa conscience.
Elle se forma lentement à ce souffle incorrup-
tible d'une âme où se versait la sienne ; il
apprit de ces épanchements les joies de la réconciliation et les joies plus pénétrantes encore d'une pureté qui se contient devant Dieu
et n'a point à rougir de son regard. Si les
passions lui furent révélées par l'instinct de la
nature ou par l'imprudence d'une parole qui
ne sut pas le respecter ; il eût dans la prière,
dans la révélation de ses fautes, un appui plus
fort que les séductions du dedans et les trahi-
sons du dehors. Son enfance fut pure, et nul
n'y trouva de tache, pas même cette poussière
d'étamine qui suffit, dit-on, pour ôter au lys sa
blancheur.

3.

Un jour, son front portera douze ans. Il sera préparé pour le grand jour. Initié au plus grand des mystères de Jésus-Christ (qui ressuscitera pour lui, après dix-huit siècles d'absence, la réalité de sa communion dernière avec ses premiers amis), il viendra en face du ciel et des hommes s'agenouiller devant le pain qui avait été la vie de ses pères et qui deviendra la sienne, il le recevra dans une foi sans tache, dans un amour ému, et il pourra croire que rien ne le séparera jamais des délices de la vérité et de l'amour. Le pontife le croira comme lui, il marquera son front du signe de la force, avec une huile, le signe de la douceur, et il sera commis à la grâce de Dieu, pour être désormais en ce monde le champion de la vraie justice et de l'éternel honneur. Il se souviendra de toutes ces choses; mais les leçons semées dans son âme, les impressions de ses commencements dans la vie, il dira les devoir à sa mère, et le souvenir de cette mère, il le portera chaque jour à l'autel, en le confiant à Jésus de Nazareth, le fils bien-aimé de la Vierge Marie.

Augustin Huot eut donc le bonheur de posséder une mère saintement chrétienne ; ses bras furent son premier berceau, son regard son premier soleil, et quand il fut capable d'entendre, la voix de cette mère lui inspira la première expression de sa première pensée. Mais, cette voix s'éteignit bientôt dans la mort, et il fut orphelin de sa mère quand il n'avait encore que sept ans.

La Providence lui refusa d'exprimer à sa mère ses affirmations d'amour filial. Sans quoi, à un jour donné, et dans une heure d'épanchement, il lui eût dit : « Je vous aime, parce que votre cœur est à moi, parce que vous m'avez choisi, moi faible et isolé, parce que la terre me semble plus belle et l'air plus rayonnant éclairés par vos yeux.

« Je vous aime, parce que le sens obscur de ce monde me paraît plus lumineux en vous aimant. Je vous aime, parce que les colonnes du ciel supportées par les anges me paraissent plus voisines, et parce que la nature m'enchante et me paraît plus en fête quand je me sens aimé de vous.

« Je vous aime, parce que votre main tient mon cœur et ma vie, parce que vous enseignez à la confiance à remplir ses ailes en moi, ou à s'élancer hors de moi, comme l'oiseau hors de son nid, parce que vous dites à mon âme que le plus doux et le plus sûr asile, c'est l'abandon de mon cœur dans votre cœur.

« Je vous aime surtout parce que cet amour de vous pour moi, de moi pour vous, me vient d'un amour plus tendre, plus divin, qui place mes espérances au-dessus de la vie, et notre meilleur amour en Jésus le Bon Maître. Je vous aime comme un présent du cœur de Jésus à mon cœur !.. »

Je n'ignore pas le danger des canonisations à huis clos, qui, en glorifiant les morts, les privent des prières des vivants. Néanmoins, cette excellente mère d'Augustin Huot était si pieuse, si charitable, si laborieuse, si exempte même des petites imperfections de son sexe, qu'à tous les saints Sacrifices offerts à son intention, j'attache une autre intention subsidiaire pour tous mes autres parents défunts.

La mère d'Augustin Huot n'était heureuse qu'au milieu de ses enfants. Près de chacun d'eux, attentive, elle

> « S'inclinait et parlait tout bas,
> Et dans sa tendresse naïve
> S'étonnait qu'on ne comprît pas
> Sa langue rose encore captive.... » (1)

Elle les regardait complaisamment pendant leur sommeil d'anges et semblait dire : « Oh ! comme nous serions surpris si nous

(1) Jouffroy.

voyions au fond de ce sommeil sacré, plein de rayons, ces paradis ouverts dans l'ombre, et ces passages d'étoiles qui font signe aux enfants d'êre sages. »

Elle assistait à leur réveil : « un réveil d'enfants, dit le poëte, c'est une ouverture de fleurs ; il semble qu'un parfum sorte de ces fraîches âmes ! » (1)

Elle chantait en travaillant quelques vieux cantiques, et parfois elle répétait à sa quenouille le doux refrain de dame Catherine des Roches :

> « Quenouille, mon souci, je vous promets et jure
> De vous aimer toujours et ne jamais changer. »

« La mort s'approcha d'elle comme une lumière. » « C'était la transfiguration de ces maladies de cœur qui ensevelissent les mourantes dans la beauté de leur àme, et emportent au ciel le visage des jeunes mortes » (2). En mourant, elle ne dit point un adieu à ses chers survivants, mais elle leur dit : au revoir. A Pierre Huot, son mari désolé, elle recommanda ses pauvres petits enfants, et lui promit qu'elle viendrait quelquefois pour le consoler et l'encourager.

(1) Victor Hugo.
(2) M. de Goncourt.

Et Pierre Huot répondit : « Je perds en toi la moitié de mon âme, et je ne revivrai à la joie du cœur que lorsque je retrouverai dans le ciel cette moitié, la meilleure des deux. »

> « Et la mère s'en est allée
> Sous un peu de terre foulée... »

Puis il la regarda mourir !!

Toutes les joies de la terre sont impuissantes pour donner le bonheur ; mais une seule douleur suffit pour envelopper la vie d'un sombre voile. La douleur de Pierre Huot, à la mort de sa femme, fut inconsolable. Il eût voulu mourir, lui aussi, mais il ne résista à ce vouloir que par dévouement pour ses enfants. Il les regarda tous agenouillés sur la fosse à peine fermée, et son cœur fut brisé de ce regard.

Le courage lui revint, quand évoquant, le souvenir de ses ancêtres morts à la peine, mais appelés à l'honneur par le Bon Dieu, il vit leurs âmes, qui, dans une profondeur de nuée et d'aurore, se penchaient sur lui « avec ce bon sourire qu'on a dans les étoiles » (1). Ces âmes n'étaient pas de deuil comme lui et comme ses orphelins : elles étaient envoyées par Dieu pour souhaiter la bienvenue à leur

(1) Victor Hugo.

sœur au ciel, et pour la rassurer sur le sort de ceux qu'elle laissait sur la terre.

Les orphelins rentrèrent à la maison, les plus jeunes conduits par les plus âgés. L'aînée de tous (1) marchait en tête. Elle a pleuré, mais

> « ..... On devine,
> Au regard fixe de son œil,
> Que, déjà grave, l'orpheline
> Comprend la grandeur de son deuil. »

C'est elle, en effet, qui va servir de mère à ses frères et à ses sœurs, et suppléer à l'autorité du père, retenu au dehors par ses travaux.

La tendresse paternelle et l'exemple pieux exercèrent sur Augustin Huot une salutaire impression. Il fut souvent envoyé à la garde d'un troupeau, dans les prairies qui s'étendent jusqu'au val de Dommartin. Pendant que ce troupeau broutait paisiblement, « *avec toute la dignité et l'incurie d'une tranquille possession* », il s'asseyait au pied d'un arbre, écoutait les bruits qui se murmuraient dans les branches, cherchait d'un œil inquiet la direction d'un nuage, ou bien poussait du bout d'un bâton ferré quelques feuilles sèches oubliées par le vent.

Aux jours d'hiver, il allait à l'école. Il y vit venir le bon curé qui l'interrogeait. « Quel livre

______
. (1) Marie-Rose-Sophie.

faut-il donner à cet enfant? » lui dit un jour le maître (1), en le ramenant sur le seuil.— « Un catéchisme de cinq sols. » (Massillon avait fait la même réponse au précepteur qui demandait le meilleur livre à mettre aux mains de Mlle du Deffand.)

Aux soirs d'été, assis ou debout avec ses frère et sœurs, près du lierre, draperie verte, jeté sur le mur de la maison, Augustin Huot écoutait avidement les récits du bivouac et les faits militaires que racontait son père. Il apprit ainsi à juger sainement Louis XVI, la Révolution, la Convention, la Terreur, et le premier consul Bonaparte (2). Il lut un jour, à

(1) M. l'abbé Durand, chanoine honoraire d'Orléans, et curé de Domrémy-la-Pucelle.

(2) Pierre Huot ne pouvait souffrir qu'en sa présence on dît du mal de l'Empereur et de ses soldats. Un vieil émigré, après avoir parlé devant lui, en termes assez dédaigneux, de l'armée, finit par employer la malencontreuse expression de : brigands de la Loire. « Les brigands de la Loire! « s'écria le capitaine à bout de patience. Mais vous êtes, « monsieur, sous le toit d'un homme qui aurait été l'un « de ces brigands, si des blessures ne l'avaient ramené « chez lui. Des brigands, ceux qui défendaient le sol na- « tional!—Mais, monsieur, vous ne pouvez nier cependant « qu'ils combattaient contre le roi de France. — Il ne « s'agissait pas du roi, monsieur, mais des Anglais et des « Prussiens. Quant à moi, je ne ferai jamais au roi l'in- « jure de croire qu'il nous a été rendu par la volonté des « pandours et des cosaques. »

haute voix, un numéro de la « *Gazette de Paris* » qui portait la date du 31 mars 1791. Ce numéro, rapporté par Pierre Huôt dans ses vieux papiers, commentait ce fameux décret constitutionnel qui donnait au Roi la permission de s'éloigner jusqu'à vingt lieues du Corps législatif. Le rédacteur de cette gazette était un défenseur de la royauté et des membres de la *droiture* contre la République et les membres de la gauche (1). Ces entretiens de Pierre Huot étaient semés de paroles fines et délicates, et leur conclusion était toujours celle-ci : « Mes enfants, aimez-bien la France et le bon Dieu !! »

Augustin, chargé d'accompagner les travailleurs au dehors, en profitait pour s'initier à la science du laboureur et pour interroger son père sur les détails du calendrier des paysans. C'était un calendrier de famille, héréditaire, annoté d'âge en âge par les vieux ancêtres, où les diverses phases de l'année étaient indiquées par des fêtes chrétiennes, et où les observations pratiques de météorologie et d'astronomie étaient jointes à des noms de saints. Et son père, qui avait coutume d'associer sa vie matérielle à une idée spiritua-

(1) On s'abonnait à cette Gazette, rue Saint-Sauveur, 45, et au n° 4, rue du Bout-du-Monde...

liste, répondait aux interrogations d'Augustin de la façon la plus aimable et la plus lumineuse. Pierre Huot, qui donnait à ses intérêts journaliers la consécration d'un sentiment religieux, donnait surtout à Augustin l'exemple d'un grand respect pour le jour du dimanche. Aux premiers sons de la cloche appelant les paroissiens au saint sacrifice, on le voyait apparaître sur le seuil de sa maison avec ses deux fils. Comme autrefois, pour une revue militaire, il allait fier et joyeux vers l'église du village. Tout en cheminant, il saluait amicalement ses voisins endimanchés, et plus d'un disait, en le regardant, ce que disait le bon Joinville en regardant saint Louis : « Oncques si cet homme ne vis !..... » Ou bien :

> Jamais prince ou roi, de la plus fière mine,
> N'eut tant de majesté sous la pourpre et l'hermine.

Augustin professait pour son père un attachement profond ; il le vénérait comme on vénère un bon pasteur. Le père n'est-il pas, en effet, le pasteur de ce petit troupeau qu'on appelle la famille, comme les souverains sont les pasteurs des peuples. Et cette expression de pasteur, dans ce qu'elle a de plus doux et de plus austère, Pierre Huot la réalisa, dans les dernières années de sa vie, sous les regards émus d'Augustin. Chaque dimanche, il lui faisait répéter la substance de l'instruction de M. le curé.

Chaque nuit, vers une heure ou deux heures du matin, Augustin et Sigisbert devaient briser leur sommeil pour écouter leur père récitant, à haute voix, la Passion de Notre-Seigneur Jésus-Christ et les sept psaumes de la Pénitence. Et le père s'interrompait pour dire à ses fils : « Unissez-vous à moi, et faites le sacrifice d'une heure de repos pour donner le repos éternel, par vos prières, à l'âme de votre mère, qui est peut-être encore dans le purgatoire. Prions tous, mes enfants, pour tous nos défunts !! »

Ces exercices pieux durèrent neuf années, au bout desquelles Augustin crut comprendre que son père allait mourir. Il le vit souffrir cruellement et accepter son martyre avec résignation. Il vit entrer fréquemment dans sa chambre le bon curé de la paroisse (1), et il y fut témoin des derniers sacrements qui lui furent apportés. Il n'oublia jamais cette scène touchante, où son père, après une de ses communions, fit mettre à genoux ses enfants autour de son lit et leur dit : « Mes chers enfants,

(1) M. Tisserand.

aimez-vous les uns les autres, et le bon Dieu ne vous abandonnera jamais. »

Et ce furent là les paroles testamentaires de Pierre Huot.

Quant à ses fils, il les avait entretenus diverses fois du mystère de leur avenir. A son fils Sigisbert, il avait dit :

« Fais donc que tes aïeux soient fiers de se revoir
Dans l'acier de ton nom comme en un pur miroir... »

A son fils Augustin, il avait dit :

..... « De ton âme, avant tout, fais ton unique étude ;
De ce champ de bataille on ne peut te bannir.
Travaille sur toi-même à fonder l'avenir.
Les épines s'en vont aussi bien que les roses !
Mais au bout de l'épreuve, il nous reste deux choses
Par où nous recevons le prix de nos combats :
Notre âme dans le ciel, notre nom ici-bas..... (1) »

Pierre Huot entra en agonie le 6 novembre 1821. Il fit un dernier signe de croix sur ses enfants, puis il mourut comme Duguesclin, en disant : « *Adieu, je n'en puis plus !* »

Son corps fut pieusement enseveli, puis confié à la terre bénie. Son âme s'en alla vers le Juge Souverain.

A l'interrogatoire de Dieu :

« Ouvrier de la charrue, serviteur de la

______
(1) De Laprade.

terre natale, ouvrier de l'épée sur les champs de bataille de France, quelle est ton œuvre ? »

Il répondit :

« Seigneur, j'ai aimé mon pays ; pour lui, j'ai souffert et bataillé ; mon épée ne s'est point souillée dans le sang innocent ; je l'ai fait luire avec gloire au soleil de la liberté ; je l'ai remise au fourreau avec honneur ! Ouvrier de la charrue et de la terre, il vous a plu de confier à mes mains votre œuvre inachevée ; vous aviez caché l'épi dans le sillon, le duvet et le fil dans la plante, la joie et la douce liqueur dans les ceps, les senteurs et les parfums dans les arbres ; j'ai tiré péniblement du sein de la terre tout ce que vous y aviez déposé ; j'ai achevé votre œuvre ; belle la terre était sortie de vos mains, mes mains vous rendent plus belle encore la parcelle que vous m'aviez confiée ! Seigneur, vous daignerez me pardonner et me bénir. »

Et il a été béni, et le paradis lui a été donné par le Dieu des bons ouvriers des champs, qui est aussi le Dieu des armées et des fiers soldats.

III

III

Il faut une rare délicatesse, une exquise
mesure dans les paroles pour toucher à une
blessure de cœur. Il l'avait bien compris, celui
qui écrivait ceci à Augustin Huot orphelin :
« Je voudrais être près de vous, nos pleurs
couleraient ensemble; mais, avant tout, adres-
sez-vous à Dieu ! Priez ! La prière est si douce
à l'affligé ! on éprouve tant de bien-être à verser dans le sein de Dieu une douleur dont on
ne veut pas parler au monde! L'âme, contractée
par la tristesse, s'y épanouit avec douceur, et
je ne sais quelle rosée bienfaisante, s'épanche
du ciel sur cette terre desséchée. Il y a tant de
douceur à redire en secret le nom de ce mort
chéri, et à le redire, non pas à un monde indif-
férent et impuissant, mais à celui qui ne s'ap-

pelle pas seulement le Dieu de la justice, mais aussi le Dieu de la miséricorde ». Ces bonnes paroles sympathiques, s'ajoutant aux graves pensées, eurent sans doute une action sur la douleur d'Augustin Huot ; mais il ne devint résigné que sous le joug de la Foi : « Foi consolatrice, a dit Châteaubriant, qui fait plus que transporter les montagnes, puisqu'elle soulève les poids accablants qui pèsent sur le cœur de l'homme. » « Oh ! oui, lui disait encore un vieillard vénérable, je suis sûr que la Providence a des trésors de petites joies secrètes, de petits bonheurs mystérieux, pour les êtres dont le sort nous paraît le plus lamentable. Il y a des mousses qui germent sur les rochers nus, il y a des fleurs qui naissent dans les mines souterraines et se développent dans les ténèbres, il doit y avoir aussi des fleurs d'espoir et de consolation qui surgissent dans le deuil des âmes désolées. »

La mort de Pierre Huot fut pour Augustin une glorieuse épreuve de vertus domestiques (1). Le malaise financier se prolongeant dans la maison paternelle, il entreprit avec son frère

(1) « Quand de nouveaux chagrins nous ont fait faire quelques pas dans la bonne voie, il n'est pas permis de se plaindre. C'est avoir placé à fonds perdus, mais la rente reste. » (Mme Scwetchine.)

de nourrir par son travail ses plus jeunes sœurs. Il brisa le cours de ses études classiques à peine commencées et que son père lui avait permis d'entreprendre, et, il revint aux pénibles travaux du laboureur, conduisant lui même des chariots de métairie et poussant d'une main vigoureuse un soc de charrue dans le creux des sillons. Mais, au milieu de ses journées consacrées à la culture de la terre, il avait sans cesse le désir de sortir de son pays, puis de se faire soldat comme son père. Il consulta à ce sujet son curé, qui, lui-même, prit l'avis d'un de ses prédécesseurs à Balleville, de M. Girot, curé de Chatenois.

Ce dernier avait ouvert chez lui, depuis peu, une pension pour les jeunes gens (sorte d'école préparatoire au petit séminaire), il y appela Augustin Huot pour l'étude du grec et du latin.

Suivre du regard le maître et son élève, et leur consacrer quelques notes, cette tâche ne me déplaît pas : elle me ramène sur un coin de terre sympathique, ma terre natale.

On dit qu'il ne faut rien revoir de ce qu'on a aimé : ni la maison paternelle, au coin calme ou bruyant du carrefour ; ni la campagne, au pied de la colline, parcourue aux heures exaltées de la jeunesse ; ni les pays lointains visités avec enthousiasme à vingt ans. Tout cela ne sert qu'à mouiller les yeux, à serrer le cœur, à faire trembler les lèvres. A quoi bon? Les objets revus ne sont plus les mêmes. Vous non plus, vous n'êtes plus le même. Eux, ne veulent pas vous reconnaître, et vous, vous les reconnaissez à peine. Vous avez beau leur dire, leur crier : C'est moi ; ils vous disent :

— Qui, vous?

Et puis, les lointains sont trompeurs, ceux du passé moins peut-être que ceux de l'avenir, mais ils trompent encore. Qui donc a retenu l'image exacte de son passé? Chacun de nous, a murmuré les premiers vers de la naïve cantilène:

> « Combien j'ai douce souvenance
> « Du joli lieu de ma naissance... »

.....Mais que de choses échappent à cette souvenance ! Que de détails perdus, quand on retrouve ses pas dans les sentiers fleuris et ombragés de son enfance ! Que sont devenues les fleurs odorantes qui s'ouvrirent aux premiers soleils de notre vie? L'oiseau qui chantait, le flot de la source qui gazouillait, les voix amies qui parlaient, où sont-ils? Les neiges d'antan, où sont-elles?

Je réponds à ces interrogations, par les pages que voici :

Castinac ou Chatenois, petite ville des Vosges, possède une physionomie topographique à part; son site est privilégié : une partie de ses habitations, les plus antiques, sont assises sur une haute colline, ses habitations modernes sont dispersées dans un pêle-mêle gracieux au fond d'une vallée profonde. Son histoire est de race princière. Cette ville de Chatenois n'est pas certes une parvenue d'hier, « une notoriété qui, à l'instar du Nil, ne doit pas aimer qu'on remonte à ses sources » (1). Ses parchemins sont vieux comme ceux de l'ère chrétienne, car on trouve, dans son voisinage, une bourgade nommée « *Mandres* » qui lui appartenait. *Les Mandres,* premières habitations des Vosges, étaient des huttes grossières qui servirent d'abri aux ermites de la Thébaïde vosgienne et aux religieux solitaires émigrés d'Orient en d'Occident (2).

(1) Pierre Véron.

(2) Chatenois remonte au temps des Césars; il faisait partie du Soulossois, canton dépendant du pays Leuquois, dont Toul était la capitale.

Le Soulossois (Solecensis pagus) tirait son nom de l'ancienne ville de Solimariaca, aujoujourd'hui Soulosse. Ce petit pays, situé entre le Chaumontois, le Saintois et le Bassigny, avait comme villes et villages importants : Chatenois, Brixey, Vicherey, Le Châtelet, Letanche, Neuf-

Chatenois fut la villa par excellence, le lieu
choisi et comme le berceau adoptif de la famille des ducs de Lorraine. Le roi Gérard

château, La Mothe, Bourmont, Bulgnéville, Lamarche et
Flabémont.

Tacite raconte que Fabius Valens, capitaine romain,
allant de Metz à Langres, traversa le Soulossois. Ce fut
à mi-chemin, près de la ville de Chatenois, qu'il apprit la
nouvelle de la mort de Galba et de l'élévation d'Othon à
l'empire (Tacite, livre Ier, chapitre 64).

Les Soulossois payèrent tribut à César et fournirent du
blé à ses légions (César, livre Ier, chapitre 14). Le poëte
Lucain, loue leur adresse à lancer le dard ou à tirer de
l'arc (Lucain, livre Ier, vers 424). Enfin Pline les nomme :
un peuple libre (Pline, livre IV, chapitre 17).

Il y a tout lieu [de croire que les Soulossois s'unirent
aux **efforts** de Vercingétorix pour écraser l'armée de
César. Ils combattirent avec les vaillants Gaulois autour
d'Alise ; ils partagèrent leur glorieuse défaite et sauvè-
rent avec eux l'honneur du pays envahi.

Plus tard, l'an 40 de Jésus-Christ, ils subirent les bru-
talités de Caligula. Ce fut aux foyers soulossois que des
soldats de cet empereur prirent de force des centaines
d'hommes de haute taille pour en faire l'ornement de son
triomphe mensonger. On vit passer ces géants dans les
rues de Rome, sous un accoutrement insolite. Caligula les
avait affublés à la mode allemande, il les avait forcés de
porter les cheveux longs, teints en rouge, pour imiter,
dit don Calmet, le « poil des Allemands » et afin qu'on
les prît pour des prisonniers de la nation allemande (Dom
Calmet, Histoire de Lorraine, livre XI du tome Ier).

C'est vers la même époque que remonte la prédication
de la religion chrétienne dans le Soulossois. La foi en

d'Alsace, premier duc héréditaire de Lorraine, était comte de Chatenois : *Gerardus rex, castiniensis comes.* Chatenois, possédait un illustre

Notre-Seigneur Jésus-Christ y fut prêchée avec succès par les disciples de saint Clément et de saint Mansuy. Saint Clément et saint Mansuy avaient reçu mission de saint Pierre et avaient choisi pour résidence, le premier, la ville de Metz, le deuxième, la ville de Toul. Ce fut l'empereur Caracalla qui donna aux Soulossois le titre de citoyens romains, avec tous les priviléges qui y étaient attachés, en l'an 214, à son retour d'une campagne glorieuse contre les Allemands. C'est à une victoire de Julien l'Apostat, dans la banlieue de Saverne, que les Soulossois durent de ne plus voir, pendant longtemps, leur territoire envahi par les Allemands. Mais c'est aussi à cet empereur que se rattache l'histoire des premiers martyrs soulossois. C'est lui qui inaugura la persécution et le règne de la terreur contre les chrétiens de ce pays. Il fut vaincu, lui et ses tortionnaires, par une poignée d'hommes et de femmes, qui aimèrent mieux mourir que de renier le Christ.

L'histoire du Soulossois est glorieuse. Au ve siècle, ses évêques sont les plus illustres de la chrétienté. Sous Clovis, roi des Francs, les Soulossois conquirent leur liberté, en aidant ce monarque à chasser les Romains des Gaules, et eurent l'honneur de l'initier au christianisme, en lui donnant pour catéchiste un des leurs, saint Vaast, évêque de Toul. Depuis ce temps, jusqu'à nos jours, le pays Soulossois n'a point dégénéré ; il reste, comme autrefois, un pays libre, impatient sous le joug étranger, un pays lettré et intelligent, une pépinière sacrée de bons soldats et de généreux missionnaires pour la cause de la France et du Christ.

Prieuré attenant à une église monumentale, qui abritait sous ses voûtes les tombeaux et les statues de Thierry, duc de Lorraine, et de la princesse Hedwige de Namur, femme de Gérard d'Alsace. Ce Thierry, duc de Lorraine, avait pris le parti de l'empereur Henri IV contre le pape Grégoire VII. Le pape l'excommunia, puis, quelque temps après, le nomma vicaire de l'Empire, en-deçà du Rhin, ou du royaume de Lorraine. Il épousa Gertrude de Flandre, fit sa demeure à Chatenois, enrichit le Prieuré fondé par sa mère et le rendit, par décret ducal, aux religieux de l'abbaye de Saint-Evre (1).

La solitude du caveau ducal dans l'église de Chatenois avait quelque chose de mystérieux, que les pas du visiteur venaient interrompre. A son aspect, les échos chuchotaient, puis il se faisait un silence profond, et, dans les angles des murailles, la voix humaine prenait des sonorités étranges.

Quand Augustin Huot prit le chemin qui conduisait au presbytère de Chatenois, il embrassa du regard, avec admiration, les hautes

(1) Bertrand de Chatenois, administrateur de l'archevêché de Trèves, auditeur des Causes, en 1303, succéda à Henry de Chatenois, destitué de ces mêmes fonctions par le souverain Pontife.

et belles murailles de l'église, les fenêtres ou-
vragées de la nef principale. Quand il fut sous
le seuil, il fut ravi des merveilles picturales et
sculpturales prodiguées à l'intérieur, merveilles artistiques dues à la munificence des
ducs Lorrains. Car la « bande noire » n'avait
pas encore passé là, nul n'avait encore pro-
posé de renverser brutalement cette église,
qui criait, par toutes ses pierres, les gloires
des rois de France, des ducs de Lorraine et des
ancêtres de la maison royale et impériale
d'Autriche (1).

On essaya ce vandalisme ; vers 1843, le vieux
temple fut détruit pour faire place à un temple
neuf, chef-d'œuvre trop solide du prosaïsme
architectural. La vieille église de Châtenois
n'eût certes pas été démolie en 1822, Augustin
Huot, ses camarades et ses maîtres s'y fussent

(1) Les habitants de Chatenois et de sa banlieue étaient
les sujets fidèles des ducs de Lorraine, très-attachés à
leurs nobles personnes. Comme leurs frères de la ville de
Neufchâteau, ils étaient quelque peu frondeurs et mutins ;
mais leur mutinerie n'était qu'un prétexte, pour amener les
ducs à fixer leur séjour au milieu d'eux et à donner des
fêtes, car, on lit dans la « *Jacquerie de Neufchâteau* » ce
souhait de bienvenue des bourgeois à Hervis, fils de Si
mon 1er, duc de Lorraine et seigneur absolu : « Damoisiax
« sire, bien soyez, nos sires estes, et nos droits vous
« trovez avoiez. Commandez, sire, totes vos volontez. »

opposés. Aujourd'hui, on la verrait debout, et les artistes la classeraient parmi les monuments historiques.

Du reste, elle n'a pu être renversée que par des hommes ignorants ou par une coterie de gens à idées étroites, gens terre à terre, coalisés contre le Beau dans les arts et dans les lettres.

Augustin Huot, acclimaté à Chatenois, devint bientôt un des meilleurs élèves de l'école du presbytère. Comme tous les jeunes gens riches de cœur et d'intelligence, il fut frappé de bonne heure des conceptions hardies, des pensées brillantes, sans pour cela mépriser la grâce du naturel, le charme de la simplicité. Il ne pouvait avoir de guide plus accompli dans les travaux de l'intelligence, et de modèle plus sûr dans les voies de l'ordre moral, que M. Girot, son professeur et son maître. Quand, par une vue de l'esprit, il se reportera au temps de sa jeunesse, il dira n'avoir pas rencontré un maître ayant surpassé celui-là, et il le dira avec une expression de reconnaissance et d'orgueil. Avec ce maître, l'école de Chatenois ne parut jamais à Augustin Huot ni triste ni étrangère, et son regard, tourné vers l'avenir, ne demanda jamais l'heure où il serait libre du joug classique.

Ah! c'est que M. Girot était un véritable maître, aimant ses élèves d'une affection presque paternelle, portant à leur avancement dans le bien et dans les lettres, un intérêt sérieux, profond, persévérant; le progrès de leur intelligence et de leur vertu était l'occupation de ses jours et le songe de ses nuits; il jouissait de leurs succès, était affligé de leurs échecs, surtout de leurs fautes; sa consolation reposait en eux, ils étaient l'orgueil de sa vie, la récompense de ses travaux et son espoir devant Dieu. « Il ne nous est pas difficile, dit Lacordaire, d'aimer nos élèves. Il nous suffit de croire à leur âme, au Dieu qui les a faites et qui les a sauvées, à leur origine et à leur fin. » —« Qui touchera le cœur d'un homme si l'âme d'un enfant ne le touche pas? qui l'attendrira jamais, si l'âme d'un adolescent aux prises avec le bien et le mal ne l'attendrit pas?

« Ah! nous n'avons pas de mérite à aimer : l'amour est à lui-même sa récompense, sa joie, sa fortune et sa bénédiction. »

M. Girot était aimé de ses élèves. Chez lui, le premier coup d'œil était imposant et comme voilé de sévérité; mais le sourire et la voix ouvraient le nuage. Il y avait de la joie en lui. Il vérifiait de sa personne le mot de Ninon : « La joie de l'esprit en marque la force. » Il aimait à prendre part aux récréations écolières, s'y entretenait joyeusement, car : « C'est là qu'en raillant, on jette de bonnes maximes. »

Il y disait un jour :

« Les grands, à force de s'étendre, deviennent si minces, qu'on voit le jour à travers : c'est une belle étude de les contempler, je ne sais rien qui ramène plus à la philosophie. »

Un autre jour, il écoutait une conversation, où quelques-uns de ses élèves traitaient avec une chaleur toute juvénile les questions de dignité personnelle, d'organisation sociale, de liberté, des inégalités de conditions et de sainte liberté, etc., etc.

« Après tout, disait le plus exalté, mais le plus franc, nous ne sommes plus en tutelle; c'est la société qui nous force d'être hommes à dix-huit ans, tant pis pour elle, nous le sommes... »

Et M. Girot répondit à ce jeune suffisant en termes presque identiques à ceux d'un personnage de comédie :

« Non, vous ne l'êtes pas, soyez-en convaincu :
Vous êtes des vieillards qui n'avez pas vécu.
Votre perversité n'est pas l'expérience,
Tas de gamins grimpés sur l'arbre de science,
Maraudeurs maladroits, qui franchissez les murs

Et dérobez les fruits véreux pour les fruits mûrs !
Vous comprendrez trop tard, imprudents que vous êtes,
Que le meilleur calcul est encore d'être honnêtes !
Je pourrais t'en citer de ces jeunes roués
Que la nature avait prodiguement doués,
Mais qui, pour arriver plus tôt à la fortune,
Ont pris à travers champs par une nuit sans lune,
Et, premiers arrivés dans le temple promis,
Sont trop crottés pour être aux premiers rangs admis. »

Accoutumé à vivre au milieu des jeunes gens, épiant en eux les germes qui promettent des fruits à l'avenir, M. Girot vit, sans effroi, naître dans Augustin Huot le sentiment de l'indépendance ; il le salua comme un auxiliaire désiré, une force précieuse qui préludait à l'éveil complet de la conscience de son élève, à l'idée de la responsabilité et du devoir. »

M. Girot présidait une fête scolaire, et comme Augustin Huot lui avait jeté deux couronnes de fleurs, il lui dit en souriant :

« De vos deux couronnes, j'en réserve une pour vous et pour vos camarades, et j'ai envie de suspendre l'autre aux pieds de mon crucifix avec cette inscription : « *A expier tôt ou tard* » ; car c'est là le terme de tout succès et de toute gloire ici-bas. » En effet, aucune charge ne vint visiter sa vieillesse ; aucun honneur ne tomba sur son front dépouillé. Il ne garda de sa gloire que l'oubli de lui-même, et

pour emploi de ses forces usées, que le culte
des âmes qui survit à tout dans le cœur du
prêtre et lui fait rendre dans la charité son
dernier souffle. « On nous envie beaucoup, disait un jour monseigneur de Quélen, dans ce
magnifique archevêché de Paris dont il ne reste
plus une pierre, on nous envie beaucoup, quand
on nous regarde dans ces beaux appartements,
mais on ne sait pas tout ce que l'on quitte pour
devenir évêque. C'est le commerce des âmes
qui est la vraie, la seule consolation du prêtre : on en trouve de si belles ! » M. Girot eut
jusqu'à la fin cette consolation divine. Les
âmes allaient à lui par une pente naturelle ; il
les aimait et elles l'aimaient. Laissons-le dormir dans les bénédictions de sa tombe, et re-
prenons les traces d'Augustin Huot sur le chemin qui conduit au village de Senaide (1).

(1) M. l'abbé Girot, plus connu sous le nom populaire
de *Père Sigis*, naquit en 1760, à Auzinvilliers, canton de
Bulgnéville (Vosges). Il était le fils d'un pauvre tisserand
et aidait son père dans son travail quotidien.

Au lendemain de sa première communion, il supplia
M. Michel, prieur du couvent et curé de la Paroisse, de
lui donner des leçons de latin et de grec. M. Michel y
consentit, et, chaque soir, le jeune étudiant venait au presbytère rendre compte à son maître de ce qu'il avait appris.
Il préparait ses devoirs d'écolier d'une façon fort origi-
nale, mais extrêmement édifiante. Pour ne point être à

charge à son père, il menait de front son travail de tisserand et son apprentissage classique.

Il tenait ouverte sa grammaire sur sa toile, près du
« *métier* », et tout en passant et en repassant la navette à
travers la chaîne de fil, ou la trame, il lisait, puis relisait
par de rapides intervalles, et fixait ainsi dans sa mémoire
les règles *rudimentaires*. Le père Victorin, frère du Père
Sigïs, usa de la même tactique pour étudier, et devint un
savant et éloquent religieux.

Cette tactique fut renouvelée par l'enfant qui devint l'illustre général d'artillerie Drouot. Son père était un
boulanger d'un faubourg de Nancy, et le jeune Drouot
étudiait les mathématiques à la vive et chaude lumière
d'un four embrasé.

On rapporte du *Père Sigis* des faits anecdotiques dignes
de mémoire, surtout ceux dont il fut le héros, pendant les
jours de la Terreur. J'ai lu ceux-ci, dans une liasse de
feuilles manuscrites, où se trouve matière à un travail biographique intéressant.

Le Père Sigis était à Nancy, vers le milieu de l'année 1793,
refugié dans une maison du faubourg Nord. Un soir, vers
dix heures, revenant d'une visite faite à un pauvre malade,
il était accompagné de deux bonnes dames de la ville.
L'idée lui vint de traverser la place de Grève; à la lueur
d'une lanterne fixée sur un poteau, il aperçut la guillotine
dressée par le bourreau et ses aides pour une exécution.
On devait guillotiner, le lendemain matin, deux pauvres
prêtres accusés d'incivisme. Le père Sigis regarda autour
de lui, et n'apercevant personne, il se dirigea vers la sinistre machine. Résolument, il monta sur la plate-forme,
s'étendit tout de son long sur les planches, mit sa tête à
la lunette, et resta là immobile, pendant quelques secondes.
Puis il reprit son chemin en toute hâte. Comme on lui
disait : Pourquoi donc êtes vous monté ainsi sur la guil-

lotine ? — J'ai voulu, répondit-il essayer et voir par moi-même si j'aurais peur à l'occasion ! !

Sous la Terreur, aux jours de sang où, suivant l'expression de Fouquier-Tinville, « les têtes tombaient comme des ardoises », le Père Sigis était caché par de bons et courageux chrétiens, tantôt par ci, tantôt par là. Il trouvait surtout des refuges assurés à Chatenois, à Malaincourt, à Houécourt, à Balléville et à Beaufremont. Il allait d'un village à l'autre, sous un accoutrement rustique.

Il avait une blouse grise, un pantalon de *misclaine* et il portait, en sautoir, un fouet de charretier.

A Beaufremont, un jour, traqué par les gendarmes de la République, il se jeta dans une cuve préparée pour la lessive, et s'y accroupit, pendant que les gendarmes le cherchaient dans une maison voisine. Quand ils vinrent fureter près de la cachette, ils ne se doutèrent de rien; ils ne virent qu'une bonne ménagère en sabots, jetant dans la cuve des seaux d'eau froide sur des paquets de linge. Le Père Sigis échappa aux poursuites policières, au prix d'une douche qui le trempa jusqu'aux os.

Un autre jour, c'était à Chatenois, le père Sigis dormait sous une trappe. Un gendarme vint à passer, au moment où le sommeil était devenu un ronflement tapageur. Comme le gendarme s'étonnait de ce bruit : « Ah! çà, dit la femme du logis, est-ce qu'il est défendu de ronfler en République? Dis-donc, notre François, faut dormir plus doucement. » Et le gendarme s'en alla sans autre explication. On conserve pieusement, à Malaincourt, les reliques saintes et la pierre consacrées sur lesquelles le père Sigis et le Père Victorin célébraient la sainte messe pendant les mauvais jours de la Révolution. Ils arrivaient au village vers le soir, parlaient en patois aux paysans, de la pluie, du beau temps, des récoltes, des denrées, et s'intéressaient surtout du prix des chevaux et des bœufs. On les croyait des maquignons, et on ne se doutait point qu'ils fussent des curés. A la faveur de cette réputation, ils entraient dans une maison amie, y prenaient un peu de nourriture, et dès la première aurore, offraient le saint Sacrifice, puis ils s'en allaient de nouveau. Ils portaient sous leurs habits un petit vase d'argent, contenant les saintes hosties. Ils firent souvent des trajets de dix ou quinze lieues, pour donner à de pauvres malades les derniers sacrements et l'indulgence de la bonne mort. Enfin, la Providence se réserva le père Sigis pour un long sacerdoce, dans le ministère paroissial. Curé de Balléville en 1810, curé de Houécourt en 1816, il devint curé doyen de Chatenois en 1823, et y mourut, pleuré par tout son peuple, pleuré par tous ceux qu'il avait initiés aux sciences et aux lettres, et à qui il avait ouvert une carrière ecclésiastique ou profane. Ses élèves, devenus prêtres, se comptèrent autour de son cercueil; ils étaient trente-deux, et se réservèrent l'honneur de lui ériger un tombeau. Ce tombeau, entouré d'une grille en fer ouvragé, est à droite du vieux cimetière de Chatenois; le seuil et les murailles de ce cimetière sont en ruines et délabrées, et nul, sinon le pasteur actuel, M. l'abbé Aubertin, et quelques bonnes âmes, n'a souci de cette quasi-profanation. Le murmure de la prière ne trouble guère le silence des tombes. De rares visiteurs y font quelques apparitions aux jours de grande fête religieuse. On ne sait plus s'arrêter sur la terre, où, repose le pasteur et ses vieux paroissiens. La Providence, semble seule vouloir réparer cet oubli ; elle leur donne jour et nuit, en automne, et en hiver, le murmure des vents à travers le frémissement des arbres. Elle fait tomber sur eux, au printemps et, en été, les fleurs odorantes des tilleuls séculaires ! ! !

———————

IV

M. Huot au petit séminaire de Senaide. — Le jeune
homme au cœur pur. — Le bon Dieu et les orphelins. —
La terre des Morts. — Les adieux. — Les voix d'en
haut.— La maison à bonne renommée. — M. Ayotte. —
Le collége d'Eton.— L'interdit épiscopal.— M. Sergent.
— *Spes mea Deus.* — *M. Huot au petit séminaire de
Chatel-sur-Moselle.* — Un mot de Ferrières.— *Labor
improbus.*— Les Belles-Lettres. — Les poëtes.— La routine jugée par Gounod. — L'étude de l'Histoire.— *Plaudite amici!* — Les versiculets. — Lettre de M. l'abbé
Henry.— L'auteur des « Paillettes d'or.» — L'ange des
vocations.— Un flocon de neige sous un peu de soleil.

IV

Il s'en allait, dit l'auteur des *Paillettes d'or*, *à travers le rude sentier de la vie, le vertueux jeune homme au cœur pur et tendre, à l'âme généreuse, à l'énergique volonté.* »

Il avait nom Augustin Huot, ce jeune homme au cœur pur, et, par un soir d'automne de l'année 1825, il s'en allait loin de Balléville, son village natal. Quand il fut au détour du chemin, à la distance d'un jet de pierre de la maison paternelle, il avait déjà le cœur gros, et, pressant sa main sur sa poitrine pour en arrêter les battements, il n'osait plus se retourner, de peur de trop s'attendrir. Il était accompagné de Sigisbert, son frère aîné. Ils se dirent entre eux, à voix basse, voilée par les larmes : « Si nous allions ensemble au cimetière nous agenouiller sur la tombe de notre mère et de notre père, cela nous porterait bonheur. — Il me semble, dit Augustin, que mon voyage sera bon, si je le mets sous la garde du crucifix qui se penche sur la tombe de nos défunts. — Mon frère, dit Sigisbert, le bon Dieu aime et bénit les pauvres orphelins. »

Ils prirent donc le chemin des tombeaux rangés en couronne autour de l'église, s'arrêtèrent à la porte, saluèrent le tabernacle, puis, la tête penchée, le front pâle, les mains jointes, tombèrent à genoux sur la terre de leurs morts, aux pieds de la croix de fer, où se lisent ces mots : « Ci-gît Pierre Huot, officier d'artillerie ; » puis ce texte du disciple que Jésus aima le mieux : *Aimez-vous les uns les autres.*

Se relevant, ils s'éloignèrent à travers les vergers, le long des haies vives et des petits sentiers, qui regardent du côté de la ville de Chatenois. Augustin portait sous son bras un petit sac de toile, où se trouvaient quelques provisions, un morceau de pain, des fruits secs et un peu de linge. Arrivés à Chatenois, ils suivirent la route qui va à Neufchâteau, et y arrivèrent au déclin du jour, quand les ombres de la nuit descendaient des hautes collines de la Meuse. Le lendemain matin, Augustin, embrassant son frère, lui disait comme dernière

parole : « Sois le protecteur de nos sœurs res-
tées à la maison ; tiens-leur lieu de père nour-
ricier, travaille avec elles pour gagner le pain
de chaque jour, et, s'il le faut, aliène notre ché-
tif patrimoine, jusqu'au dernier lopin de terre,
pour suffire à l'honorabilité de leur vie. Mon
frère, restons dignes de la mémoire du nom
de notre père. — Augustin, sois sans crainte,
va où la Providence t'appelle, j'irai bientôt te
voir, et te porterai un peu d'argent, si je puis
en économiser. J'aurais voulu t'accompagner,
car il est dur pour moi de te laisser aller seul
sur les chemins, mais je ne le puis. Que l'ange
de Tobie t'accompagne jusqu'au seuil de la
maison d'études, où tu arriveras ce soir... Au
revoir, mon frère, au revoir !! »

Augustin se retourna plusieurs fois pour saluer de la main, portée à ses lèvres, son frère
qui s'éloignait, puis il alla seul, de Neufchâteau aux premières maisons du village de Senaide.

Il arriva, le soir, au coucher du soleil, aux
portes du petit-séminaire de Senaide, déclina
son nom au vénérable supérieur de cette maison, et demanda à suivre les cours de latin et
de français, sous la conduite du professeur de
quatrième. Après examen, il fut reçu et classé

parmi les meilleurs élèves. On reconnaissait en lui un jugement solide et correct, et une aptitude marquée pour les sciences exactes. Sa piété était ardente, et ses voisins de chapelle se souviennent encore de son regard doux et fier à la fois, qui se perdait avec un abandon familier autour du tabernacle eucharistique. Il aima beaucoup le bon Dieu durant son séjour à Senaide ; il eut beaucoup de respect et d'obéissance pour les maîtres qui l'initièrent à la science, aux lettres et à la douce dévotion. Il y noua de bonnes amitiés avec ses condisciples, qui ont conservé de lui souvenir de son cœur, de sa franche gaieté et des bonnes qualités de son âme. J'ai dit : ses maîtres ? Comment eût-il pu, leur refuser son estime et son admiration ? Comment eût-il hésité à plier sous le joug d'un homme héroïque comme le fondateur de Senaide, le vénérable M. Ayotte (1) ?

A l'endroit le plus apparent, du petit salon de son presbytère de Rouceux, et de Charmes, j'ai toujours vu suspendu à la muraille le portrait lithographié de ce maître. A côté de

(1) La biographie de M. Ayotte a été publiée par M. l'abbé Guinot, curé de Contrexéville. C'est la biographie sympathique d'un bon maître, écrite par un disciple reconnaissant.

lui, à droite et à gauche, les portraits des supérieurs des autres séminaires par où il passa jusqu'à son sacerdoce ; de M. Meunier, supérieur de Saint-Dié ; de M. Sergent, puis des évêques du diocèse qu'il aima le mieux, et dont le passage ne peut s'oublier dans le cœur du clergé vosgien : de Mgr Dupont, mort archevêque et cardinal de Bourges ; de Mgr Manglard, le sympathique curé de Saint-Eustache de Paris, avant son épiscopat à Saint-Dié.

Mais il conserva toujours son meilleur souvenir pour Senaide, son premier amour, après celui, qu'il avait voué au foyer paternel de Balléville.

« *Toutes les victoires qu'a jamais gagnées l'Angleterre, c'est d'ici qu'elles datent,* » disait le duc de Vellington, en montrant du doigt les vastes pelouses ombragées du collége d'Éton, où, jeune adolescent, il avait étudié le grec et le latin.

« C'est d'ici que datent mes premières armes et les meilleures années de mon noviciat au sacerdoce ; » me disait mon oncle, en me montrant du doigt les modestes bâtiments du petit-séminaire de Senaide et en me faisant parcourir avec lui ses jardins, ses cours et ses préaux. « C'est ici que j'ai aimé le bon Dieu avec toute l'ardeur de mes dix-huit ans, ajoutait-il, en me montrant les murailles de la chapelle. »

C'était en l'an de grâce 1850 qu'il parlait ainsi, dans sa dernière visite à ce petit-séminaire vosgien. Il n'y revint plus, mais il y envoya souvent sa pensée et son cœur. Il fut douloureusement affecté, quand il sut que ce séminaire était frappé d'interdit, pour cause d'insalubrité locale, disait-on, mais plutôt comme trop éloigné des voies, de la ville, et de la maison épiscopale. Cet interdit, jeté sur cette maison qui avait abrité, depuis de longues années, des milliers de jeunes gens, venus des plaines et des montagnes vosgiennes, facilita peut-être le mouvement des rouages de l'administration et de la gérance diocésaine, mais il fut le point de départ et comme le signal d'une infériorité numérique d'élèves dans les autres séminaires (1). Le vénérable supérieur de Senaide, M. Sergent, ne voulut point quitter son séminaire, sa vieille maison, le foyer de sa jeunesse et de sa verte vieillesse. Il y était encore hier, arpentant d'un pas vigoureux, les longs couloirs, qui conduisent aux salles d'études et de récréation, réveillant des échos endormis, et relisant avec

(1) Châtel-sur-Moselle et Notre-Dame d'Autrey.

une douce joie, des noms d'écoliers gravés au couteau dans la pierre et le bois des fenêtres et des portes. Il était là, attaché au sol où il a versé ses sueurs fécondes, où il a préparé pour le sacerdoce une légion d'élite. Il était là, fidèle à son séminaire, où il a passé plus de cinquante années en faisant le bien. Il a voulu mourir là ! Il inclina doucement, (1) vers la terre du repos, sa belle tête couronnée de cheveux blancs, comme la fleur parfumée qui se penche en mourant vers sa tige. Et nous sommes venus, nous, ses enfants et ses disciples aimés, lui faire cortége. Nous avons déposé ses cendres à l'ombre de la croix, et nous donnerons bientôt à sa pierre tumulaire l'inscription qui fut tout à la fois sa devise personnelle contre la persécution, et la devise de sa bonne maison : « *Spes* « *mea, Deus.* » Mon Dieu, vous êtes mon espérance !... »

(1) M. Sergent est mort le 7 décembre 1877.

Augustin Huot poursuivit à Châtel-sur-Moselle le cours de ses études et s'initia aux belles-lettres dans le séminaire de cette petite
ville. Il y vécut trois années, d'une vie laborieuse, imprégnant son âme du Beau et du
Bien.

Ses premiers pas dans l'étude des grands
auteurs furent difficiles, témoin ce fragment
emprunté à Loup de Ferrières et qu'il adressait à un de ses professeurs :

« Délivrez-moi, je vous en prie, de mon embarras, en faisant ce que je vous demande.
J'extrais les racines amères de la littérature ;
faites-m'en goûter les fruits les plus doux.
Encouragez-moi par votre rare éloquence. »
La bienveillance de ce professeur lui fut d'un
grand secours, et son application ardente, ce

labor improbus des anciens, lui valut des succès et lui gagna des victoires classiques.

Au même moment où le goût passionné des lettres s'emparait de son âme, le même goût, la même passion s'éveillaient autour de lui. Il avait le sentiment de l'extrême rareté des dons qui font le vrai poète, et c'était pour cela qu'il s'enthousiasmait pour les poètes de la Grèce et de Rome antique, aussi bien que pour les poètes de France.

Poète, il l'eût été s'il lui eût suffi, pour mériter ce nom, d'être remué jusqu'au fond de l'âme, par les grands et touchants spectacles de la nature ou de la vie ; cette émotion profonde, qui s'éveillait alors en lui, qui envahissait tout son être, qui montait jusqu'à ses lèvres tremblantes et jusqu'à ses yeux humides, n'était autre chose que le flot sacré de la poésie qui se soulevait par intervalles rapides et délicieux. Et, laissant passer cette émotion divine, dans la crainte de ne pouvoir l'exprimer par des mots indignes d'elle, il admirait le poète, qui, plus hardi (parce qu'il sent sa force), recueille comme son bien ce souffle d'en haut, le concentre, le modère, le mesure, pour enfin l'épancher à son gré en flots d'harmonie.

Ses compositions révélaient en lui l'artiste,

c'est-à-dire une certaine manière de sentir, revêtue d'une certaine manière d'exprimer. Cette caractéristique de son talent, fut bien accueillie par ses maîtres.

Il n'en sera pas toujours ainsi au même séminaire, et une autre méthode d'appréciation littéraire, y sera inaugurée et appliquée. Cette méthode, qui certes, n'était point sans quelque valeur, avait le tort de blâmer quiconque n'était pas dans ses voies ; elle se déconcertait devant des talents originaux et n'avait d'autre *criterium* que sa routine. Et la routine, selon le dire d'un artiste contemporain, n'est souvent que « *le diagnostic des myopes et la férule des pédants* (1). »

Augustin Huot s'appliquait surtout à l'analyse des auteurs de son pays, en particulier de ceux qui ont noms : Pascal, Corneille, Racine, Bossuet, etc., ces créateurs éloquents,

> « De ce mâle français, qu'on ne veut plus savoir,
> Langue de la raison, de l'honneur, du devoir. »

Augustin Huot ne fut pas sans étudier l'histoire, à l'aide des précis historiques élaborés par ses professeurs, et cette étude, lui donna la clef des grandes choses, qui font époque

______
(1) Gounod.

dans le passé et se lient aux choses similaires du présent. Cette étude, dis-je, lui donna la mesure des hommes de génie que Dieu ne fit grands que pour servir sa cause et celle de son Christ dans le monde.

Un jour, il eut à juger, je ne sais quel personnage historique qui n'avait usé son talent qu'à la poursuite d'une chimère antireligieuse. « Allons, dit-il, en terminant les pages qu'il avait écrites d'une façon ironique et primesautière ; allons ! couche-toi dans la tombe, ta comédie est finie. *Plaudite amici, comœdia finita est* !! » C'était le mot d'Auguste mourant, qui fut dit-on répété par le grand artiste Beethoven.

Augustin Huot avait déjà dans le caractère ce que Shakespeare appelle : « le lait de la bonté humaine ; » ce qui ne l'empêcha pas d'être jalousé et envié quelquefois, par plusieurs de ses camarades. Il ne se vengea que d'un seul, le plus acharné, mais aussi le plus disgracié des dons de la beauté plastique.

Il ressuscita, pour les lui appliquer, quelques versiculets endormis dans un mercure d'antan, et qui disaient :

> « Un pauvret
> Très-maigret,
> Au col tors,

Dont le corps
Tout bossu,
Suranné,
Décharné,
Est réduit,
Jour et nuit,
A souffrir,
Sans guérir,
Des tourments
Véhéments. »

Quand il entra en classe de rhétorique (1), il s'y trouva comme chez lui, dans un milieu plus en rapport avec les aptitudes de son esprit, et les élans passionnés de son cœur. Il y fit preuve d'éloquence diverses fois. Son professeur de rhétorique m'écrivait : « Augustin Huot, était surtout plein de cœur, et cette qualité se montrait, comme il arrive, dans ses compositions. »

« J'ai souvenir qu'ayant donné pour sujet de

(1) M. Huot entra, à Châtel-sur-Moselle, en classe de rhétorique, le 3 novembre 1829. Le même jour, tous ses condisciples et lui furent renvoyés du séminaire, par ordre de Mgr Jacquemin. Le motif de ce renvoi venait du refus du prélat de faire porter la soutane aux élèves de son petit séminaire. Le gouvernement d'alors capitula devant les résistances épiscopales, par le retrait des ordonnances de Mgr Feutrier, son ministre des cultes. Le 20 novembre, tous les élèves du séminaire de Châtel-sur-Moselle étaient rentrés définitivement.

discours, l'allocution de saint Maurice à ses soldats, pour les exhorter au martyre, il fit une très-bonne pièce et obtint la première place. Il y avait à exprimer des sentiments nobles et généreux, et pour cela, il avait écrit de l'abondance du cœur (1). »

Est-ce à cette richesse du cœur qu'il dut les tourments sur son avenir qui l'assiégèrent à la veille de prendre rang parmi les lévites du sanctuaire?

Je suis pour l'affirmative. Doublement sollicité par l'ange des batailles, gardien des gloires militaires, et par l'ange des extases mystiques, gardien des gloires sacerdotales de France, il donna sa main et son cœur à ce dernier, non sans jeter un regard attristé sur le premier, qui avait souvent évoqué devant lui l'image et le souvenir de son père, le pieux et vaillant officier d'artillerie.

Augustin Huot dit adieu au séminaire de Châtel, à la fin de l'année scolaire 1828-29. Quand il ferma derrière lui les portes de la chapelle où il avait prié chaque jour, il crut entendre une voix qui lui disait un peu du mystère de son avenir dans le langage austère et

(1) Lettre de M. l'abbé Henry, ancien directeur du collége de la Trinité, à la Marche (Vosges), aujourd'hui supérieur d'un pensionnat-orphelinat agricole.

doux qu'un auteur prête à l'ange des saintes vocations (1).

« *Combats* ! Pourtant, je ne te promets pas que le succès que tu rêves aujourd'hui ne se flétrira pas quand tu croiras l'atteindre et ne se fondra pas dans ta main, comme un flocon de neige sous un peu de soleil. Mais un autre et plus saint trésor te sera donné, quand le labeur sera passé, et te payera de toute ta peine.

« *Attends* ! Pourtant, je ne dis pas que l'heure que tu désires à présent ne viendra pas, dépouillée de tous ses rayons et couverte d'un nuage de tristesse ; mais, bien au-delà de l'avenir ténébreux, avec une couronne d'étoiles brillantes, une heure de joie que tu ne connais pas se lève en silence au-dessus de toi.

« *Prie* ! quoique le don que tu demandes, puisse ne jamais calmer tes craintes, ne jamais remplir ton attente... pourtant, prie et verse des larmes avec espoir, une réponse te viendra un jour ; tes yeux sont trop faibles pour la voir... pourtant *combats, attends et prie* ! »

(1) L'auteur des *Paillettes d'or*.

V

V

Durant son séjour au grand séminaire de Châtel-sur-Moselle où il avait cultivé les lettres et les sciences, Augustin n'avait donc rien perdu de son goût pour le sacerdoce. Sa vocation pour le saint ministère s'était fortifiée avec l'âge, et il appelait de tous ses désirs le jour où il pourrait, comme prêtre, sacrifier son cœur sur l'autel du Christ.

Sous l'impression de ces désirs, il entra au grand séminaire de Saint-Dié, fondé depuis peu par Mgr Jacquemin et dirigé par un confesseur de la Foi, le vénérable M. Joseph Munier. Sous un tel directeur, l'abbé Huot fut un lévite docile et pieux ; son caractère devint plus ferme et plus discipliné, et les enthousiasmes de son cœur trouvèrent un aliment dans les exercices religieux auxquels il prenait part. C'est à M. Munier qu'il dut sa piété virile pour la Croix. Il m'a raconté que ce vieillard infirme se levait chaque matin, vers quatre heures, pour aller à la chapelle adorer Jésus souffrant et mourant, et qu'à genoux sur le pavé, de station en station, il faisait ainsi son Chemin de Croix quotidien.

C'est aussi sous l'égide de M. Munier que M. Huot apprit à connaître et à aimer la Sainte-Vierge, mère de N.-S. J.-C. Sa dévotion pour cette bonne mère était toute filiale, et un jour, quand il parlera d'elle dans ses sermons, il s'extasiera sur la double maternité de Marie. Des deux maternités, il ne saura laquelle admirer le plus. Il se demandera si Dieu, en faisant Marie mère du Christ, a opéré un miracle plus surprenant dans l'ordre physique, que le miracle opéré par J.-C. dans l'ordre moral, pour en faire la Mère de toute l'humanité... C'est à cette bonne mère qu'il confiera son cœur blessé et les blessures faites aux cœurs des pauvres pécheurs (1).

L'abbé Huot, comme on le voit, se donnait à

(1) Un de ses meilleurs amis, l'abbé Daubié, curé de Sandancourt, reçut un jour la confidence de sa dévotion, en l'honneur de la Sainte-Vierge. C'était pendant une récréation du soir au séminaire de Saint-Dié : « Mon cher ami, disait l'abbé Huot, rien de beau comme l'amour pour cette bonne mère, rien de plus doux au cœur !!! »

Dieu comme le demande l'Esprit-Saint : de grand cœur, et de bon vouloir. Il fut, à Saint-Dié, ce qu'il avait été dans les autres séminaires et ce qu'il sera jusqu'à la dernière parcelle de sa vie : un serviteur de Dieu, joyeux sous le joug du devoir. C'est ainsi que Dieu aime ceux qui se donnent à lui. « *Hilarem enim datorem diligit Deus.* »

C'est au début de son séminaire à Saint-Dié, qu'il connut la Révolution de 1830 et les journées de Juillet, qu'il appellera plus tard : *les Trois journées Inglorieuses.* Comme l'effervescence révolutionnaire avait gagné la ville de Saint-Dié, le supérieur du séminaire jugea à propos de donner la liberté à ses élèves, pour ne point les exposer au danger : « Mes bons amis, leur dit-il, retournez chez vous, jusqu'aux jours meilleurs, gagnez vos foyers par les sentiers perdus ou écartés. » Il se fit que l'abbé Huot, allant par monts et par vaux, arriva un matin, sans le vouloir, aux portes d'Épinal. Il y fut reçu par une vingtaine d'hommes faisant patrouille, qui tous lui crièrent : « A bas le calotin!! mort aux prêtres!! » Il ne s'émut point outre mesure, alla droit à ces hommes et leur dit : « Que me voulez-vous? — Nous voulons que tu mettes une cocarde à ton chapeau.» Comme il portait le tricorne, il répondit : « Il

me faut trois cocardes au lieu d'une, donnez-
les moi. »

Les porteurs de baïonnettes eurent le bon esprit de sourire à cette réplique, ils donnèrent
au jeune abbé un sauf-conduit à travers la
ville, jusqu'au lendemain. Quelques semaines
plus tard, l'abbé Huot reprenait, au grand séminaire, sa vie d'études, de piété et d'obéissance.....

(1) Un des condisciples de M. Huot et son camarade,
M. l'abbé Desfourneaux, curé de Malaincourt (Vosges),
m'écrivait, au sujet de cette fuite périlleuse : « En 1830,
le 29 juillet, on nous annonça qu'on devait nous massa-
crer en chemin ; Rambervillers était la ville désignée pour
le massacre. Les séminaristes se mirent en route, pendant
la nuit, qui par les forêts, qui par les montagnes et par
les voies détournées. Les plus déterminés se dirigèrent
vers Rambervillers ; votre oncle fut un de ces derniers,
avec le groupe des séminaristes du pays de Neufchâteau.
Nos parents, effrayés, étaient venus au devant de nous,
nous apportant des habits laïques, pour nous déguiser, et
ainsi nous faire échapper aux dangers qui nous menaçaient.
Nous arrivâmes à Girmont sains et saufs, mais horrible-
ment fatigués, après un jour et une nuit sans repos. Un
de nos condisciples avait eu l'idée d'attacher son rabat
à son chapeau ; grâce à ce rabat, que l'on prenait pour
une cocarde, nous ne fûmes plus inquiétés !!...............
A cette époque on accusait le clergé de faire l'exercice
militaire dans les forêts, d'envoyer de l'argent aux Prussiens pour les inviter à remettre Charles X sur le trône,
et mille sottises de ce genres avaient cours dans nos

Voici quels étaient alors les linéaments de sa physionomie physique et morale, linéaments qui ne s'effacèrent que sous la pression des années, et sous les morsures brutales de la maladie.

Il marchait droit, dans la sincérité de sa conscience et dans la simplicité sublime de la lumière évangélique. Il était grand, non parce qu'il levait la tête, mais parce qu'il ne la courba jamais que devant Dieu et ses doux tabernacles. Sa taille était celle d'un homme de race, qui eût porté avec la même désinvolture aristocratique, l'habit militaire que la soutane et la robe sacerdotale. Il avait le front large et haut, les yeux ardents et doux à la fois, la bouche bien faite, les lèvres finement plissées ; l'ovale de sa figure n'était point heurté par des traits communs, mais délicatement dessiné. Ses cheveux noirs étaient bou-

campagnes. Or, un jour, je m'en rappelle, M. Huot passait dans un village de nos environs, il allait visiter un de ses amis. En le voyant passer avec l'allure d'un homme décidé, un paysan se mit à dire assez haut pour être entendu : « Tiens ! voilà encore un curé qui va porter notre « argent aux Prussiens.— Mon Dieu, oui ! répondit l'abbé, « d'un air malin et d'un ton railleur ; et même si votre ar_ « gent est préparé, je m'en chargerai ; vous serez quitte de « faire le voyage, mon brave homme : ne vous gênez donc « point. Le paysan tourna les talons et ne sut que dire... »

clés et abondants. Le sourire était l'épanouis-
sement de sa face toute pétrie d'intelligence,
de bonté, et de franchise.

Quand il fut l'hôte du grand séminaire de
Saint-Dié, il y renoua des amitiés avec ses ca
marades d'autrefois, et ces amitiés eurent la
durée de toute sa vie. « L'amitié, a dit un mi-
santhrope, n'est sur le chemin de personne. »
Elle fut, à coup sûr, sur sa route. Il aima, j'en
suis certain, et profondément ; et néanmoins il
est vrai qu'il eut en lui quelque chose qui cau-
sait de la peine à ceux qu'il aimait : ce n'était
pas de l'âpreté, il était doux ; ce n'était pas de
la froideur, il était passionné ; c'était quelque
chose d'entier, qui était trop oui, ou trop non,
une certaine difficulté de découvrir ce dont le
cœur d'un ami a besoin, une habitude de silence qui le suivait quelquefois sans qu'il s'en
doutât. Les nouveaux amis étaient peu de son
goût. Volontiers il eût dit avec un contemporain : « Je sens encore quelquefois qu'une âme
qui passe me plaît, et qu'autrefois je l'aurais
aimée ; je ne vais guère plus loin ; le temps est
venu d'aimer Dieu uniquement et de vivre avec
les destinées que sa bonté a unies aux miennes,
dans le chemin passé. »

Durant quatre années, il fit les mêmes ex-
cursions dans les montagnes, au val de Saint-

Dié, et son imagination en revint toujours plus belle et plus colorée. Il vit les paysages échelonnés sous tous les aspects, que la nature leur donne au pays des montagnes. Il les contempla quand le soleil les noie sous ses rayons ardents, il les vit couverts de givre et de neige, il les vit sous le ciel bleu de mai, il les vit au milieu des nuages ouatés qui descendent jusqu'à eux en octobre, quand l'automne jette sur les feuillages ses teintes mordorées... Les teintes du soir charmaient surtout son regard, et quand les ombres des grandes montagnes s'allongeaient dans les plaines de Saint-Dié et enveloppaient la ville et sa banlieue comme d'un voile, il jetait vers Dieu le cri de sa prière. Avec le poète, il murmurait cette description crépusculaire du pays vosgien :

« La nuit, au flanc des monts lentement descendue,
Voilait les pics blancs dans les plis de la nue ;
Les derniers tons dorés mouraient à l'occident,
Donnant un reflet rose aux neiges du couchant.
Le calme se faisait ; les vains bruits de la terre
Laissaient monter à Dieu les voix de la prière ;
Les rocs drapés de noir bornaient à l'œil humain
Le sublime tableau tracé du doigt divin ;
Dans la plaine des cieux, de lourds et blancs nuages
Venaient aux eaux du lac refléter leurs images... »

Quand il avait ainsi murmuré ou rêvé, il en-

trait dans de longues heures de solitude que
nul de ses amis n'osait interrompre et troubler. C'était l'apprentissage de son amour pour
le silence, qu'il aimera, à certains jours de sa
vie de piété, dans son presbytère, comme jamais
moine ne l'aima dans sa cellule murée. Cette
solitude sera une des grandes forces de sa vie,
car : « Il n'y a rien qui désespère plus l'intri-
gue et l'inimitié qu'un homme qui vit dans sa
chambre. »

Son opinion sur son professeur de philosophie ne s'écartait guère de celle de Grégoire le
Thaumaturge sur Origène : « C'est lui qui, le
premier, me persuada de philosophier selon la
philosophie des anciens Grecs, et qui, par son
exemple, m'apprit la discipline des mœurs...
Tout en m'exhortant, il devançait la parole par
les actes; il n'usait pas même avec moi de
termes préparés, ne voulant parler que d'effusion de cœur et dans l'élan d'une âme qui
travaillait au moment même à faire ce qu'elle
disait... Il nous forçait à bien agir par le spectacle de sa propre activité morale, nous atti-
rant à son exemple, nous élevant à une hauteur suffisante pour voir autour de nous et pour
accomplir librement notre tâche essentielle...
Que ce soit là bien faire, que ce soit la justice
même, plusieurs des anciens philosophes l'ont

soutenu, disant que cette règle de conduite privée était la plus efficace pour le bonheur des autres et de nous. Qu'y a-t-il, en effet, d'aussi particulier à l'âme, d'aussi digne d'elle, que de veiller sur soi sans regarder au dehors, sans se mêler des affaires d'autrui, sans y exposer sa propre innocence, mais de se rendre à soi-même tout ce qu'on se doit par une vie toute conforme à la justice? C'est ainsi qu'il nous enseignait la pratique de la Justice comme une première nécessité pour nous. De même pour la Prudence, la Tempérance, le Courage, car le maître suivait cette ancienne division de la philosophie; là encore, il ne séparait pas la pratique de la théorie, et son enseignement était la vie chrétienne avec toute la science païenne... » (*Gregorii Thaumaturgi Orat. ad Origenem.*)

L'abbé Huot eût été plus sobre d'éloges pour ses maîtres de philosophie au séminaire, s'il eût été le disciple de ceux qui enseignèrent à Saint-Dié, durant une autre période. Il eût jugé ces derniers trop exclusifs dans leurs idées et dans leurs théories, n'appliquant l'esprit de leurs élèves qu'à un seul ordre d'opinions philosophiques, sans lui permettre de s'arrêter à d'autres, en les laissant dans l'ignorance des doctrines soutenues par les écoles des Grecs anciens. Car le bon maître de philosophie doit prendre tout ce qu'il y a d'utile et de vrai dans chaque philosophe, se le réserver, pour être distribué à ses élèves, écartant tout le reste, et s'attachant à ce qui seconde le sentiment religieux dans les âmes. Bossuet, avec son lumineux bon sens, n'a-t-il pas reconnu que les doctrines des philosophes anciens étaient *une espèce de préparation à la connaissance du christianisme. (Discours sur l'Histoire universelle*, 2ᵉ partie, chapitre V.)

L'abbé Huot, élève de philosophie, ne laissa pas que de s'initier à toutes les connaissances positives faites, dit Saint-Grégoire, « pour éveiller en nous cette humble partie de l'âme qui reste stupéfiée devant la magnificence, l'admirable structure et le savant artifice du monde... » (*Gregorii Thaumaturgi Orat. ad Origenem*). Il cherchait à s'expliquer chaque chose de la nature, ramenant la nature elle-même, par une claire déduction, à ses éléments primitifs, s'expliquant l'ensemble général des êtres et leurs essences particulières, les transformations et les changements du monde, de manière à substituer dans son âme à une surprise irrationnelle l'admiration éclairée du gouvernement divin de l'univers et des beautés de la création.

Ce cercle d'études, ainsi agrandi par la saine curiosité et la ferveur intelligente de l'abbé Huot, fut sa meilleure préparation pour l'étude de la théologie. Il se livra à cette science sacrée avec une ardeur d'autant plus grande qu'elle lui révélait les sublimités de Jésus et de son œuvre : l'Église, les beautés et les richesses des Sacrements, les perfections divines de la foi et de la parole catholiques, en un mot tout ce qui devait être le charme, la force, la puissance, l'honneur de sa vie sacerdotale..

Ses études théologiques privilégiées furent pour le traité de l'Incarnation. Il y revenait sans cesse, avide de vérité et d'amour pour le Verbe fils de Dieu et fils de l'homme, avide de contempler les traits divins et humains du Verbe fait chair. Comme il voulait le Christ pour maître de sa vie et de son cœur, il attachait son esprit à l'étude spéciale de ce Maître. « Avant tout, dit Lacordaire, il faut que nous sachions jusqu'où Jésus-Christ est notre maître; s'il l'est seulement d'une part de notre vie, ou s'il en est l'instituteur exclusif et total. Saint Jean, l'ami du Christ, a résolu la question. Nous nous mouvons dans deux sphères, celle de la nature et celle de la grâce; mais l'une et l'autre ont le Verbe, Fils de Dieu, pour auteur et pour flambeau. C'est pourquoi l'Eglise, in-

failliblement assistée de l'esprit qui l'a mise au
monde, n'a jamais abdiqué la défense de la
raison ; elle l'a toujours tenue pour une portion
de son héritage, et récemment encore, elle en
a proclamé les droits contre ceux qui, dans une
ardeur mal réglée, croyaient rehausser la foi
en lui sacrifiant l'autre lumière de notre en-
tendement. Entrez, mon cher ami, dans cette
large voie, qui seule est la véritable. Ne vous
faites pas de Jésus-Christ, notre maître, une
exception au cours général des choses ; de
l'Eglise une petite société perdue au milieu
des âges et des nations; de la foi et une lampe
obscure luisant en quelques âmes privilégiées;
de la vie chrétienne enfin une existence qui
n'a de rapport qu'à elle-même, et qui proteste
contre tout. Non, c'est là le thème de nos ennemis, ce n'est pas le nôtre. Enfants de Dieu,
l'univers est l'habitation de notre corps ; les
siècles la mesure de nos jours, le genre humain
le compagnon et le théâtre de nos destinées,
la raison notre illuminatrice, la foi une seconde
splendeur née dans la première, l'Eglise un
monde qui embrasse le passé, le présent, l'a-
venir, les peuples de la terre avec les esprits
du ciel, et, entre ces deux extrémités, tout ce
que le Verbe de Dieu a pu concevoir sans nous
le dire et faire sans nous le montrer. L'inconnu

même est à nous; il vit de notre vie, nous vivons de la sienne, et, au jour où le drame se clôra par l'apparition totale de ce que nous sommes, il sera clair que l'unité régnait du pôle visible au pôle invisible de la créatian, et qu'elle y régnait par le Christ, « image de Dieu, « premier-né de toute créature, en qui tout a « été fait aux cieux et en terre, ce qui se voit « et ce qui ne se voit pas, les Dominatians et « les Principautés et les Puissances, tout enfin, « et lui avant tout et tout en lui, lui le chef de « l'Eglise, comme il est le principe du monde, « le premier-né des morts aussi, tenant enfin « la primauté en toutes choses, parce qu'il a « plu à Dieu que toute plénitude habitât en lui, « et que le sang de sa croix réconciliât et pa- « cifiât en lui tout ce qui est de la terre et tout « ce qui est du ciel. »

L'abbé Huot s'est épris d'amour pour le Christ en étudiant la théologie, sa théologie a donc été bonne. S'il a aimé le Christ quand il l'a vu dans la magic d'un livre, je jure qu'il l'aimera mieux encore quand il le verra à travers les transparences eucharistiques, sous les voiles du pain et du vin, et dans ces sanctuaires vivants qu'on nomme les âmes rachetées et purifiés par le maître.

Devenu sous-diacre et, comme tel, obligé à

la récitation du Bréviaire, l'abbé Huot en prit occasion d'étudier la liturgie catholique et les questions qui y sont annexées. Il s'applaudira de cette étude, car un jour viendra où le clergé se passionnera dans la discussion liturgique : les uns demanderont de respecter les traditions pieuses et les saintes coutumes des églises de France, et les autres reviendront à la liturgie romaine, sous prétexte d'unité dans la prière et le culte public ; l'abbé Huot se rangera avec les gardiens des traditions locales.

Attaché à la liturgie lorraine, il lui sera bien amer d'écarter cette liturgie si pieuse et si belle, de reléguer son bréviaire et ses livres d'office sur un rayon perdu de sa bibliothèque. Mais il fera ce sacrifice par déférence pour le Pontife souverain. Il subira sans murmure le joug d'une loi dont le premier effet sera de couper l'harmonie entre les prières sacrées qui avaient bercé son enfance, et celles qui devaient endormir sa vieillesse et ses dernières douleurs.

Il ne pensait pas qu'il fût nécessaire d'opérer, en France, le remaniement général de la liturgie, et, en 1856, quand la liturgie romaine sera officiellement inaugurée dans le diocèse de Saint-Dié, il me fera lire la lettre suivante, dont la copie lui avait été adressée de Nancy : « ... Je ne crois pas qu'il y ait eu d'hérésie antiliturgiste. La liturgie étant l'expression du dogme, chaque fois que les hérétiques ont touché au dogme, ils ont tranché parallèlement et proportionnellement à la liturgie, afin d'exprimer visiblement leurs erreurs ; mais ce n'est point là attaquer la liturgie catholique par un dessein premier et principal, ayant ses caractères généraux, tels, par exemple, que de se servir uniquement de l'Ecriture sainte dans la suite des sacrées formules. Cette idée de se servir uniquement de l'Ecriture sainte dans la liturgie est venue même anciennement à des évêques très-catholiques, et, au fond, presque toute la liturgie romaine est composée de paroles de l'Ecriture sainte. En voyant sans cesse, avec la suite des temps, de nouveaux offices, de nouvelles proses, des hymnes composés par des évêques, des prêtres, des laïques, il a pu venir à l'esprit d'excellents catholiques de moins donner au génie propre et d'employer les paroles mêmes dictées par l'Esprit-Saint, et cela sans la moindre pensée d'innover ni de faire injure à la tradition.

« Il est évident qu'au dernier siècle, deux pensées préoccupèrent tous les esprits : le

goût d'une latinité plus pure, plus latine, ce
qui était la conséquence de la connaissance
des lettres anciennes en Occident ; en second
lieu, le goût d'une critique plus fine, qui était
dû aux travaux des modernes sur toutes les
branches de l'antiquité sacrée et profane. C'é-
tait là tout ce que voyait le clergé français
dans sa grande masse, lorsqu'il s'est agi du
remaniement de la liturgie, et il ne croyait
pas plus tomber dans une secte anti-liturgiste,
en agissant ainsi, qu'on ne croyait y tomber,
à Rome, du temps de Léon X, en élevant le
Panthéon dans les airs, et, plus tard, au dix-
huitième siècle, en chargeant le Borromini de
de défigurer une foule d'églises par la plus
barbare architecture. C'était un goût qui s'é-
tendait à la peinture, à la sculpture, à tous les
arts, et que nous appliquions en France à la
liturgie, après en avoir reçu le premier exemple de Rome, à l'époque où des Papes eux-
mêmes s'occupaient de refondre et d'abréger
le Bréviaire. Nous avons eu tort comme ces
Papes-là avaient tort ; mais quelle différence
d'avoir tort par un goût universel, quoique
mauvais, ou d'avoir tort par hypocrisie et imbécilité ! Personne ne déplore plus que moi la
perte de la liturgie romaine, mais de la même
manière que la perte de l'architecture gothique,

des lettres sacrées vaincues par les lettres profanes, et je n'accuserai point pour cela les Jé-
suites qui ont corrigé Virgile et Horace au lieu
de résister au torrent, au lieu d'enseigner la
latinité chrétienne avec des auteurs chrétiens.
Si nos évêques choisissaient Santeuil et Coffin
pour leur faire des hymnes, c'était tout simplement comme on choisit encore des peintres
incrédules pour peindre nos églises; c'est un
grand malheur, mais fort explicable, même
quand ces peintres seraient choisis par nos
évêques » (1).

Malgré l'absence d'un cours de droit cano-
nique au séminaire de Saint-Dié, l'abbé Huot
ne se désintéressa pas de l'étude de ce droit
spécial pour le clergé séculier et régulier. Il
s'occupa surtout des articles qui sauvegardent
la dignité et l'indépendance du curé de paroisse, et c'est dans ce sens qu'il laissa en
manuscrit quelques pages touchant l'*inamo-
vibilité des curés et le concours pour la colla-
tion des cures.*

Il disait en substance : « Autrefois, en
France, en vertu du concordat de Léon X, on
ne donnait les paroisses importantes qu'aux
gradués. La piété, sans doute, doit être prise
en considération, car elle est utile à tout, *pie-*

(1) Lettre de Lacordaire, écrite en l'année 1843.

tas ad omnia utilis est ; mais, si elle est utile à toutes choses, elle ne peut néanmoins les suppléer toutes ; elle ne remplacera jamais la science, si indispensable dans tout pasteur des âmes.

« Sainte Thérèse a dit, avec beaucoup de sens, qu'elle préférait un directeur instruit et sans piété à un autre pieux et sans lumières ; qu'avec l'un, elle serait sûre de marcher dans la bonne voie, qu'avec l'autre elle courrait grand risque de s'égarer.

« Si donc les lèvres du prêtre, comme dit l'Esprit-Saint, doivent être les gardiennes de la science ; si, dans tous les temps, le pasteur des âmes a dû poséder l'art des arts, celui de faire connaître, aimer et pratiquer les grandes vérités du salut, cette science sublime doit, aujourd'hui plus que jamais, être la sienne.

« D'ailleurs, l'expérience prouve qu'un prêtre instruit est toujours ou presque toujours un prêtre régulier et édifiant ; car, en se livrant à l'étude la sainte Ecriture, des saints Pères, de la théologie, des saints Canons, il y trouve mille motifs d'aimer et de pratiquer les devoirs de son état. »

On lit dans l'*Esprit de Saint François de Sales,* par Camus, évêque de Belley :

« Le saint évêque avait établi le concours

pour les bénéfices de son diocèse et il m'a dit plusieurs fois que, sans cela, la charge pastorale lui eût été impossible. Et, afin de couper court aux brigues et aux faveurs et de se lier les mains, il avait formé un conseil composé de quelques docteurs et des plus savants et vertueux ecclésiastiques de son diocèse, entre lesquels il n'était que le président et n'avait que sa voix pour le choix de celui des concurrents qui a été jugé le plus capable. »

A la fin de l'année qui précéda son entrée dans les ordres, l'abbé Huot écrivait :

« J'ai beaucoup gagné dans l'ordre de la vie spirituelle, cependant ma nature n'est pas encore complètement vaincue, pas plus que mon intelligence n'est encore complètement formée. La formation à la vie sacerdotale est lente, mais, avec la grâce de Dieu, j'espère arriver au but... » Puis il ajoutait : « Mon Dieu, faites-moi faire quelque chose que vous puissiez récompenser. »

C'est alors qu'entendant cette parole si bonne du Sauveur : « Celui qui ne m'aime pas plus que son père, sa mère, ses frères, ses sœurs, n'est pas digne de moi. »

Il se crut appelé par l'ange des églises de l'extrême Orient pour y porter la bonne nouvelle du Christ. Après avoir consulté son directeur, il écrivit au supérieur du séminaire des Missions-Etrangères, à Paris, et demanda à entrer comme aspirant, dans cette maison illustrée par de nombreux martyrs pour la cause de l'Evangile. Sa lettre ne nous est point connue, mais elle devait être du style des lettres apostoliques d'Ignace d'Antioche, allant au supplice; elle devait être ardente comme l'âme du soldat qui va à la bataille, et qui sourit à la mort. Heureuse l'âme que Dieu appelle à la vocation d'apôtre à l'étranger! cette âme est privilégiée du Christ. Au Christ, qui lui demande un amour de préférence et le sacrifice des douces affections qui fixent le cœur au foyer de la famille et au sol de la patrie, elle déclare qu'elle ne veut aimer que lui, par le don tout entier d'elle-même.

Le vénérable supérieur du séminaire des Missions-Etrangères, M. Langlois, répondit ainsi :

« A Monsieur,

Monsieur HUOT,

Sous-diacre au grand Séminaire de Saint-Dié

(Vosges).

« Monsieur,

« La lettre que vous m'avez écrite relativement aux dispositions à l'œuvre des Missions-Étrangères et les motifs qui vous portent à croire que vous y êtes appelé, me portent à croire que vous ne devez point négliger l'inspiration qui vous porte à vous consacrer à cette bonne œuvre, et si M. votre Directeur vous défend d'y penser avant dix-huit mois, c'est sans doute, comme vous le conjecturez, non pour vous en détourner tout à fait, mais pour éprouver votre vocation et s'assurer de la persévérance de votre désir.

« Vous me dites que vous avez été ordonné sous-diacre, mais vous ne me dites pas combien vous avez fait d'années de théologie, combien il vous en reste à faire, si vous avez beaucoup de traités à étudier. C'est une chose qu'il est important que je sache pour pouvoir statuer sur ce qui vous concerne.

« Quand même vous auriez encore vos père et mère, l'amour que vous auriez pour eux ne devrait point vous retenir et vous empêcher d'écouter et de suivre la voix du Père céleste, qui vous parle au fond du cœur, à moins qu'ils ne fussent dans une extrême nécessité et n'eussent point d'autres enfants qui puissent les assister. Mais, n'ayant plus que vos frères et sœurs, les regrets que pourrait leur causer votre départ ne doivent être d'aucun poids dans votre détermination.

« Continuez de prier Dieu de vous éclairer sur votre vocation, d'éclairer aussi vos supérieurs et toutes les personnes qui peuvent avoir quelque influence sur votre détermination et répondez-moi sur ce que je désire savoir. Marquez-moi aussi votre âge.

« Je souhaite que votre santé se raffermisse de jour en jour, de telle sorte qu'elle ne mette aucun obstacle à l'accomplissement de vos désirs.

« Ne doutez nullement de l'attachement sincère avec lequel je suis, Monsieur, votre très-humble et tout dévoué serviteur.

« C. Langlois.

« Paris, 11 juillet 1832. »

Quand l'abbé Huot fut appelé à la prêtrise, il renouvela à son directeur le désir de partir pour les Missions-Étrangères ; ce désir ne fut point accueilli, et ne jugeant pas à propos d'entrer en lutte pieuse avec ses supérieurs, il se résigna à leurs conseils, qui l'éloignaient de ses rêves d'apostolat, rêves si bien choyés et si bien caressés surtout depuis la lettre de M. Langlois. Mais il ne perdra jamais le souvenir des voix d'en haut qui lui avaient montré bien loin, disait-il, aux extrémités des cieux et par-delà les mers, des âmes à sauver. Ses yeux s'humecteront de larmes ; son cœur palpitera chaque fois qu'il lira le récit des travaux des missionnaires et les annales de leurs martyres. Il me dira un jour : « J'ai manqué l'occasion de me faire tuer pour le Christ Jésus. »

Avant de quitter Saint-Dié, comme un nautonnier, à la veille de mettre à la voile pour je ne sais quel pays inexploré, il s'émut du désir de se donner un règlement et de discipliner les heures de sa journée.

Voici en quels termes il souligna ce règlement de vie sacerdotale :

« *Si quis vult venire post me, abneget semetipsum, tollet crucem suam et sequatur me :* Si quelqu'un, a dit Jésus, veut venir après moi, qu'il se renonce lui-même, qu'il prenne sa croix et me suive. »

« Point de salut, si l'on ne suit Jésus-Christ en se renonçant soi-même, et l'on ne peut se renoncer soi-même, renoncer à sa propre volonté, qu'autant qu'on s'astreindra à une règle, donc point de salut à espérer, si l'on ne suit un règlement.

« Si l'on vit selon sa volonté, on agira par boutades ; ainsi l'on étudiera aujourd'hui, on visitera les malades demain, parce qu'on ne pourra trouver d'autres délassements et d'au-

tres occupations. Les jours suivants, on abandonnera peut-être ces mêmes choses, on n'aura
pour guides que l'occasion et la circonstance.

« L'expérience nous montre qu'il est assez
facile de prendre de belles résolutions, mais
difficile de les mettre à exécution.

« Dans un moment de ferveur nous rempli-
rons nos devoirs, parce que nous y trouvons
plaisir, mais viennent les épreuves, les séche-
resses, les ennuis, les dégoûts, nous déserte-
rons tout. Pour vivre régulièrement avec Dieu
et avec nos devoirs, il faut un règlement de vie:

« Lever, en été, au plus tard à cinq heures ;
en hiver, à six heures ; un quart d'heure pour
s'habiller.

« Oraison une demie-heure. Ensuite prime
et tierce.

« Je dirai la messe tous les jours à une
heure réglée autant que possible.

« Après l'action de grâces, Sixte et None.

« Examen particulier, vers midi, pendant
cinq minutes au moins.

« Chaque jour, je me livrerai, pendant une
heure, à l'étude de l'écriture sainte et de la
théologie.

« Le reste du temps libre, soit dans la ma-
tinée, soit dans la soirée, sera employé à préparer des instructions et des catéchismes.

« A une heure et demie, visite des malades. Vêpres et complies. Puis matines et laudes, aussitôt que possible.

« Sur les cinq heures du soir, je ferai, à l'église, dix minutes d'adoration au Saint-Sacrement, que je ferai suivre d'une lecture spirituelle qui ne sera jamais moins de vingt minutes.

« Examen général pendant la prière du soir, et ensuite préparation de l'oraison du lendemain

« Jamais passer quinze jours sans m'approcher du sacrement de Pénitence.

« Mortifications particulières, le vendredi, pour honorer le mystère de la Rédemption, le samedi, pour honorer la Très-Sainte-Vierge et obtenir sa puissante protection.

« Le dernier jour de chaque mois ou le précédent, je ferai une petite retraite ; je relirai, ce jour-là, mon règlement ; si j'ai été infidèle à ce règlement, je m'imposerai une légère pénitence. Je me souviendrai de cette maxime de l'Esprit-Saint : « *Qui modica spernit, paulatim decidet* : celui qui méprise les petites choses court à sa ruine. »

« Vertu principale à acquérir : l'Humilité.

« Défaut à combattre : Esprit de contrariété.

« Ne pas oublier que, par-dessus tout, je dois

veiller constamment sur moi-même, et ne rien me permettre de tout ce qui pourrait ternir l'éclat de l'*Aimable Vertu*. Amen!! »

L'abbé Huot, curé de paroisse et prêtre séculier, a-t-il été le disciple de ce règlement élaboré par l'abbé Huot lévite plein d'ardeur à l'ombre protectrice d'un sanctuaire? J'affirme qu'il y fut fidèle, et j'appelle ici en témoignage tous ceux qui vécurent de sa vie intime et qui lièrent leurs destinées à sa destinée. Tout d'abord, il était trop ennemi des choses et des hommes communs pour ne point vivre sous une règle particulière ; il était de plus un chrétien trop généreux, pour ne point donner à son Dieu, un service d'exception et un amour désintéressé. De tels chrétiens ne se contentent point des règles générales qui ressemblent aux grandes routes, qui poudroient sous les mille et mille pieds de la gent moutonnière; il leur faut, non des sentiers battus, mais bien une voie étroite, écartée, loin du bruit, et où s'aperçoivent l'impression des pas du bon Sauveur et le rouge humide de son sang... Depuis quand donc le prêtre de Jésus-Christ doit-il être un chrétien comme tout le monde? Le prêtre est, comme l'artiste, un travailleur d'en haut, qui réalise son œuvre dans un fier isolement : la foule, qui ne sait ni sculpter ni peindre comme l'artiste, ni prier ni adorer comme le prêtre, doit les voir et les saluer comme des êtres supérieurs.

L'abbé Huot fut ordonné prêtre en 1833 ; sa première messe fut pour ses défunts, pour le repos des chères âmes de son père et de sa mère. Il avait appelé son frère Sigisbert à la tête de son sacerdoce. Une pensée tendre, un souvenir filial vinrent au cœur de ce frère aîné. Avant d'entrer à la chapelle de l'ordination, il se glissa auprès de son frère cadet et lui dit à voix basse : « Augustin, si notre père nous voyait ! » Cette parole du cœur était à trente années d'intervalle, la reproduction de la parole de Napoléon Ier au jour de son sacre à Notre-Dame. En pleine apothéose, au milieu des acclamations, des vivats, des flots d'encens et du vertige universel, le grand homme se souvint de son enfance. A travers le mirage, il vit poindre les blanches murailles de la maison paternelle, et il crut voir son père, debout sur le seuil, qui souriait. C'est pour cela qu'avant d'entrer dans la nef de la basilique, il serra le bras de Joseph qui, archi-amiral ou archi-électeur, portait le globe ou l'épée, et lui dit à voix tremblante d'émotion : « Hein ! Joseph ! si notre père nous voyait ! ! ! »

Au soir du jour de son ordination, l'abbé Huot reprenait le chemin de Saint-Dié à Neuf-

château. La première visite du nouveau prêtre fut pour la tombe de ses défunts ; il y pleura
avant de pleurer entre les bras de ses sœurs,
qui l'accueillirent à la maison comme l'ange
et la gloire de la famille. C'est à Balléville,
chez son bon curé, M. Tisserant, ou à Chatenois, chez son ancien maître, M. Girot, qu'il
attendit sa nomination à un poste de vicaire
dans une paroisse. Cette nomination vint à
bref délai, car, à cette époque, au lendemain
de la gloire de l'église de Saint-Dié redevenue
épiscopale, les vides étaient nombreux dans
le clergé diocésain, et les séminaires de Senaide, de Châtel-sur-Moselle et de Saint-Dié,
suffisaient à peine à la tâche apostolique et
évangélisatrice des évêques vosgiens (1).

(1) Je trouve dans les notes de M. Huot quelques
fragments biographiques sur les évêques de Saint-Dié ; ils
ont eu leur place toute naturelle. Ces notes commencent
à Mgr Dupont, inclusivement, et s'arrêtent à Mgr Caverot,
exclusivement j'ai jugé bon de les compléter :

1º Mgr Célestin Dupont, mon évêque ordonnateur, a succédé à Mgr Alexis Jacquemin et, pendant cinq années, ad-
ministra le diocèse de Saint-Dié. Transféré aux archevêchés
d'Avignon et de Bourges, ce prélat vit sa science et ses
vertus honorées par Pie IX de la Pourpre Romaine. La
Providence lui réservait la glorieuse mission d'ouvrir au
Souverain Pontif exilé les portes du Vatican, au nom de
la France, dont les armes avaient reconquis le trône de
St-Pierre.

2o Mgr Eugène de Jerphanion, vicaire général de Bourges, remplaça Mgr Dupont, sur le siége de Saint-Dié ; il gouverna ce diocèse pendant sept années et fut promu à l'archevêché d'Alby.

Mgr Jean-Nicaise Gros, vicaire général de Reims et de Paris, ne fit que passer dans les Vosges et mourut évêque de Versailles.

3° Mgr Daniel-Victor Manglard, de Saint-Eustache, à Paris, succéda à Mgr Gros, sur le siége de Saint-Dié. « C'était une nature toute trempée et pétrie de mansuétude. » Il mourut dans la fleur de l'âge, aimé de ses prêtres et des pauvres.

La cathédrale de Saint-Dié conserve son corps avec les délicatesses de l'amour filial en possession des restes sacrés d'un père.

4₀ « Mgr Louis-Marie-Eusèbe Caverot, vicaire général de Besançon, succéda à Mgr Manglard d'heureuse et bonne mémoire. Ce prélat est aujourd'hui primat des Gaules, archevêque de Lyon et cardinal. Déjà ses immenses talents et ses hautes aptitudes administratives lui avaient acquis les touchantes sympathies de M. Thiers, qui n'eut pas le temps de l'en récompenser et le recommanda religieusement au maréchal de Mac-Mahon. Ne pouvant, hélas ! laisser à St-Dié sa dépouille mortelle dans le tombeau qu'il s'était préparé ; il y a laissé : « son cœur sous le pressoir. »

(Lettre de S. E. à M. le curé de St-Georges à Lyon, 27 avril 1876.)

La ville et le diocèse de Lyon l'on accueilli par un seul cri, cri unanime : « Ad multos annos. »

5⁰ Mgr Marie-Camille-Albert de Briey, actuellement régnant sur le siége de St-Dié, succéda à Mgr Caverot, en l'an de grâce 1876. Ce prélat, plein d'aménité, n'es point un étranger pour ses diocésains. Les origines de sa famille sont lorraines ; il porte dans ses veines le sang des martyrs et des soldats de la France et de Dieu. La tombe de son oncle, au monastère d'Ubexy, l'appelait au diocèse de Saint-Dié. Dieu l'y a conduit par la main pour être le pasteur noble du peuple, le conseiller des prêtres, et pour mener à bonne fin, sous l'impulsion du Souverain-Pontife, la cause sacrée de Jeanne d'Arc, l'héroïque vierge, la Sainte des Vosges.

Les prêtres vosgiens honorés du fardeau glorieux de l'épiscopat sont les suivants :

1º Mgr de Chamond, mort évêque de St-Claude, né à Bulgnéville.

2º Mgr Miche, confesseur de la foi, évêque missionnaire, mort en Cochinchine après un apostolat de quarante années ;

3º Mgr Jean-Joseph Christophe, né à Rochesson, mort évêque de Soissons et Laon, après un épiscopat laborieux. Sa douce mémoire est restée au cœur de ses diocésains et de ses amis. Il était le type du pasteur charitable : sévère pour lui-même et indulgent pour tous ;

4º Mgr Collet, archevêque de Tours, né à Gérardmer.

5º Mgr Hacquard, évêque de Verdun, né à Épinal.

6º Mgr Marchal, évêque de Belley, né à Fontenoy-le-Château.

VI

M. *Huot vicaire à Neufchâteau.* — M. Lausanne, curé.
— Le vicaire éloquent. — Conversion d'un incrédule. —
Enterrement civil.— Enseignement catéchistique.— Pa-
raphrase de l'acte de charité.— Acte de consécration à la
Sainte-Vierge. — Les dames de charité. — Un prêtre
jureur.— Un mot du Dante.

VI

Voici venir, pour M. Huot, les jours où il lui faudra travailler, non plus seulement à son amélioration personnelle par la science et la vertu, mais à une amélioration collective, par la mise en exercice de cette vertu et de cette science, au service des autres.

Sa vie cachée s'est passée à l'ombre du foyer paternel, dans des jours de joie et dans des jours de deuil, elle s'est continuée dans diverses maisons d'éducation, à l'école du travail et du devoir. Cette vie cachée a pris fin dans la lumière du sacerdoce : M. Huot est prêtre et, comme tel, une autre vie et une autre voie s'ouvrent devant lui. C'est la vie publique aux prises avec la foule pour la moraliser, la convertir et la sauver. C'est la voie publique qui aboutit infailliblement au Calvaire du

Maître, et du Calvaire au Paradis, si le prêtre
ne trahit pas sa mission...

La vie publique de M. Huot eut pour premier
théâtre la ville de Neufchâteau et, dans cette
ville, le vicariat de la paroisse de Saint-Christophe. Le curé de Saint-Christophe était le
vénérable M. Lausanne ; dès l'arrivée de son
vicaire, il le chargea du gouvernement de sa
paroisse, en lui disant : — « Mon cher abbé, je ne
suis qu'un pauvre malade ; je ne sais plus faire
qu'une chose pour mon troupeau : prier pour
lui à l'autel, dans mon église, et dans mon ora-
toire, au presbytère. Vous êtes jeune, allez, et
j'espère que, de temps en temps, vous me don-
nerez la joie de m'entretenir de vos travaux
et de vos succès. »

Ce fut avec un zèle tempéré de prudence que
le jeune vicaire se livra à la culture des âmes.
Comme on lui avait dit que ses paroissiens
étaient avides de belles paroles, il s'exerça
d'abord à leur prêcher la sainte doctrine et
toujours sous une forme châtiée et délicatement soignée. »

Par respect pour l'Évangile et par courtoisie pour la langue française, il ne parla jamais
en public, à Neufchâteau ni ailleurs, sans une
longue préparation et sans avoir disposé ses
idées sur des feuilles volantes, comme on dis-

pose des couleurs sur une palette, des traits hardis et des points de repère sur une esquisse, des fils de soie de toutes nuances sur un canevas.

Un de ses plus beaux sermons fut celui qu'il consacra à l'éloge du saint patron de la paroisse. Ce sermon éveilla je ne sais quel concert de louanges en faveur du prédicateur, et l'on sut gré à l'autorité diocésaine d'avoir donné à la ville de Neufchâteau un lettré et éloquent vicaire. M. Huot ne s'enorgueillit point de cette louange ; il n'en usa que pour le salut des âmes les plus éloignées de Dieu. Ces âmes, nombreuses à Neufchâteau, étaient surtout armées de préjugés absurdes à l'endroit du prêtre et de son ministère. Il en convertit plusieurs et les endormit pieusement dans la paix du Christ, quand il leur fallut quitter la terre pour retourner à Dieu. Il lui arriva d'être mandé une nuit auprès du lit d'un incrédule, rebelle jusque-là à toute exportation religieuse. Celui-ci fit éloigner ses proches, resta seul avec le vicaire et un de ses amis, curé d'un village des environs, dans sa chambre à peine éclairée, et rassemblant toutes ses forces : « Monsieur, dit-il à M. Huot, ce n'est pas le prêtre que j'ai appelé, c'est l'honnête homme. Vous voyez dans quel état je suis :

je vais mourir, votre réponse sera ensevelie
avec moi. Parlez-moi donc franchement. Je
vous adjure de me dire ce que vous pensez de
la religion catholique ? — Monsieur, qu'elle
est certaine et que j'en ai jamais douté ! » répondit M. Huot, debout et la main levée devant
ce moribond, qui, aussitôt, fit un grand signe
de croix et demanda à se confesser, pour bien
mourir.

Cette mort édifiante et l'interrogatoire
qui la précéda furent d'un bon exemple
et fortifièrent l'influence de M. Huot dans
son ministère. Il eut, dès lors, la consolation
d'assister tous les mourants de la paroisse;
car, à cette époque, on ignorait, à Neufchâteau, comme dans toutes les villes vosgiennes, cette chose inavouable et anti-
française : un baptisé mourant sans Dieu et
sans pardon, un convoi funèbre sans signification honnête, un transfert de cadavre avec
le cérémonial usité pour un colis d'un chemin
de fer.

M. Huot eut à diriger, à Saint-Christophe,
l'instruction religieuse des enfants. Il s'en
acquitta de main de maître et prépara mer-
veilleusement les premiers communiants par
des explications catéchistiques familières et
dignes. Déjà il jugeait la rédaction du petit

catéchisme un peu terre à terre et trop brève sur certains points.

Sans vouloir innover sur le vieil usage qui a décidé que le maître fît des demandes dignes d'un écolier, et que l'écolier fît des réponses dignes d'un maître, il aurait voulu que la question fût faite quelquefois par l'enfant et que, d'après la réponse, il raisonnât et qu'il avançât ainsi de curiosité en curiosité. C'était, on le voit, introduire un peu de la méthode de Descartes dans l'enseignement du catéchisme.

Voulant, un jour, mettre en œuvre l'esprit et le cœur ces enfants de la première communion, il leur demanda par écrit la paraphrase ou l'explication de l'acte de charité. Ce fut une jeune fille de onze ans (1) qui s'acquitta le mieux de ce travail pieux, et j'ai plaisir à le transcrire ici, sans rien y changer :

Mon Dieu je Vous aime.

O Dieu que j'adore, je Vous aime, je Vous respecte, toutes les puissances de mon âme Vous sont soumises.

De tout mon cœur.

Tout ce que mon cœur aime se réunit en

____

(1) Mlle Céline.

Vous, mon Dieu, mon cœur est entièrement à Vous, toutes les pensées, tous les désirs qu'il m'inspire n'ont que Vous pour objet, pour seul but ; chaque battement de ce cœur est un acte d'amour.

De toute mon âme.

Mon âme, que Vous avez créée à Votre image et à Votre ressemblance, se prosterne, s'abîme devant Vous pour Vous rendre ses hommages et Vous dire : je Vous adore ; tous les désirs de ma volonté tendent à Vous prouver mon amour, toutes les facultés de mon être concourent à Votre gloire.

De tout mon esprit.

Mon esprit, qui n'est pas parfait comme le Vôtre, ô Dieu infiniment saint, devient plus grand lorsqu'il veut Vous aimer ; toutes mes pensées Vous appartiennent, et je rejetterai loin de moi celles qui ne seraient pas inspirées par de bons sentiments.

De toutes mes forces.

Mes forces sont bien faibles, que seraient-elles sans Vous, mon Dieu ! elles s'élèvent vers Vous remplies de courage pour Vous demander des grâces et Vous aimer ; toutes mes actions chanteront donc Votre règne d'amour et de gloire.

Et par-dessus toutes choses.

Enfin, mon Dieu, je Vous aime au-dessus de tout ce que j'aime, car Vous m'avez créé pour Vous seul, et toutes les saintes affections que Vous avez mises en moi sont basées sur l'amour que j'ai pour vous.

Parce que Vous êtes un Dieu infiniment bon.

Vous êtes si bon, mon Dieu, si indulgent, que l'on ne peut s'empêcher de Vous aimer, et ceux qui sont le plus ingrats envers Vous reconnaissent pourtant Votre bonté, sans vouloir l'avouer, car, dans les moments difficiles, c'est Vous qu'ils invoquent.

Infiniment aimable.

Vous n'êtes pas seulement bon et indulgent, Vous êtes aimable, Votre service est doux et agréable, Vous seul enfin donnez le bonheur et le calme du cœur, sans lequel on n'est jamais heureux.

Et je Vous promets d'aimer le prochain
comme moi-même pour l'amour de Vous.

Je ferai tout ce que je pourrai, ô mon Dieu, pour aimer le prochain et surtout mon ennemi comme moi-même, je lui procurerai les mêmes biens qu'à moi, si je le peux, et je ferai tout cela pour Vous prouver mon amour ; je Vous aimerai dans la personne des pauvres, des

8.

malheureux physiquement et moralement, je les considérerai comme des frères appelés comme moi à une vie éternellement heureuse près de Vous.

Mon Dieu, donnez-moi la force et le courage de mettre en pratique les bonnes résolutions que Vous m'inspirez.

Ainsi soit-il.

Ce fut à Saint-Christophe que M. Huot composa un acte de consécration à la Sainte Vierge.

En voici la copie :

« Reine des cieux, ô Marie ! que tous les siècles, à l'envie, proclament bienheureuse ! Vierge pleine de grâces, étonnée vous-même des merveilles que le Très-Haut a opérées en vous ! Mère de Dieu ! qui avez enfanté le fruit de vie, d'où découlent sur nous toutes les bénédictions célestes ! je viens à vos pieds, vous faire hommage de tous les biens, dont votre médiation a embelli le sanctuaire de mon âme, car je suis aujourd'hui toute couverte de vos bienfaits.

« Mais comment pourrai-je conserver tous ces dons, au milieu des périls innombrables d'un monde licencieux ? Le démon, jaloux de la paix et du bonheur de l'innocence, a juré de porter le ravage dans mon cœur, d'y ruiner l'édifice de la grâce, et de m'entraîner, de nouveau, dans l'abîme du péché. O aimable bienfaitrice ! je me livre à vous, je me jette dans vos bras ; je dépose, avec confiance, entre vos mains, mes résolutions sincères ; et je place tous mes efforts sous votre puissante protection.

« Ah ! si jamais je devais m'éloigner de Dieu, ou effacer votre souvenir de ma pensée, ô tendre mère ! puissé-je m'oublier plutôt moi-même ! Que ma main se dessèche, plutôt que d'être souillée par le péché ! et que ma langue glacée s'attache à mon palais, si vous n'êtes pas, après Dieu, à la tête de tous mes cantiques d'actions de grâces !...

« O Marie, Mère de Jésus, régnez sur moi, vous et votre fils et obtenez-moi la grâce de vivre et de mourir, comme vous, dans son saint amour.

« Ainsi soit-il. »

Les occupations multipliées du vicariat de M. Huot, avaient leur complément et comme leur couronnement dans l'exercice de sa charité pour les pauvres. Son curé lui avait ouvert un crédit pour la distribution des aumônes, et il en usait largement, jusqu'à épuisement complet des ressources. Quand le vide était fait dans la bourse de son curé et dans la sienne, il

avait recours aux personnes aisées de la ville, et
chacun de ses sermons, ou prônes du dimanche
avait comme péroraison ou conclusion un
appel à la charité. Dans les réunions de piété
présidées par son curé, il s'adressait souvent
aux dames pour leur recommander les malheureux. « Que votre charité, leur disait-il,
soit active, et qu'elle ne se lasse jamais. Vous
avez, comme femmes, l'intuition de la charité,
le domaine de l'aumône ; Jésus vous a laissé
ce domaine en monopole, règnez-y en souve-
raines, et n'abdiquez jamais, je vous en prie,
cette glorieuse souveraineté. »

Il avait fait, lui, son apprentissage de charité auprès d'une noble dame de Neufchâteau,
que la première République avait chassée brutalement de son cloître, et qui resta fidèle jusqu'à la mort au règlement austère des pauvres
Clarisses. Cette dame lui recommanda, un
jour, un vieillard qu'elle secourait matérielle-
ment, mais qu'elle ne pouvait ressusciter à la
grâce de Dieu. C'était un prêtre-jureur, que
la République avait séduit et qui avait brisé,
pour plaire à cette mégère, le joug de son
maître divin, les douces chaînes du devoir et
de la discipline ecclésiastique. M. Huot se dé-
voua au relèvement de ce prêtre, et délicatement le ramena au souvenir de son sacerdoce,

puis, à une démarche courageuse aux pieds de Jésus qui pardonne, puis enfin à une sainte préparation à la mort dans les bras de la miséricorde.

M. Huot aura plusieurs fois occasion, dans le cours de son ministère, d'exercer sa charité pour de pauvres prêtres jetés dans une mauvaise voie, et chaque fois, il les traitera en amis malheureux. Il ne goûtera jamais cette dure maxime du pharisaïsme moderne pour le prêtre tombé : « Ne le plaignez point, il est coupable ! » Le coupable était l'être à qui s'attachait sa compassion la plus vive. Il le voyait sous son aspect véritable, n'osant monter vers Dieu offensé, n'osant descendre en sa conscience, où des remords l'agitent et le torturent. Il lui donnait un asile, sa pitié, et les paroles qu'il lui adressait étaient douces pour les plaies de son âme, comme l'huile et le vin versés par le fils de Samarie sur les blessures de son protégé, repoussé par les lévites et abandonné par les prêtres de Jérusalem.

Le peuple disait du Dante revenu de son voyage lointain : Voici l'homme qui a vu l'enfer : Saluez-le ! Je dirai du prêtre, revenu au Christ-Jésus : Voici l'homme qui a vu l'enfer du remords. Aimez-le !!!

M. Huot resta dix-huit mois vicaire à Saint-

Christophe, jusqu'au jour où son curé, toujours malade, résolut de se démettre de ses fonctions entre les mains de l'autorité (1).

M. Huot sollicita son changement ; il l'obtint et il reçut, vers la fin de 1834, sa nomination comme curé de Sainte-Prancher, dans l'arrondissement de Mirecourt.

(1) M. Lauzanne se retira au village de Mont-les-Neufchâteau et y mourut victime d'une affection cancéreuse. Quand M. Huot devint curé de Ronceux, il visita souvent M. Lauzanne. Durant trois années, tous les deux jours, il alla le voir et lui donna les soins de sa charité.

VII

M. *Huot, curé à Saint-Prancher.*— Le paysan français. —Le curé de campagne.—Le curé et le maître d'école.— Les curés et les Bourbons. — Les curés et les Napoléon. — Un mot de Napoléon 1er sur les curés de France. — La poésie chez le paysan.— Le dimanche. — Les cloches. — Titus et Napoléon III. — Le presbytère.— Le petit jardin. — La famille paroissiale. — Une apostrophe suppliante.

VII

M. Huot est curé de Saint-Prancher.

Il est curé de campagne, c'est-à-dire de la race de ces hommes simples et modestes, contents de peu, vivant au milieu des peuples, sans richesse ni puissance, et cependant avec autorité constante, respectée, remarquable par sa simplicité même.

On a cherché, et on cherche encore aujourd'hui, à irriter le peuple des campagnes contre leurs curés. On n'y réussira point, même en République.

Le peuple des campagnes, appelons-le par son nom, qui vaut un titre de noblesse, le paysan (le fils du pays de France), aimera toujours son curé, il sait qu'il est, comme lui, un fils du pays, élevé aux mêmes foyers rustiques et qui a quitté la charrue et les sillons avec son camarade le conscrit. Il sait qu'il s'en est allé faire ses études au collége et au séminaire, pour revenir ensuite dans le même milieu que le paysan, à l'ombre du même clocher; et pourquoi? pour l'aimer en frère, lui, paysan, pour le baptiser, lui donner la joie d'une première communion et des Pâques, présider à ses fiançailles, bénir son mariage, consoler ses douleurs, adoucir son agonie, prier pour ses défunts, vivre avec lui de sa vie, dormir à côté de lui le même sommeil de mort, en attendant le même réveil, à la garde de Dieu.

Il sait, ce paysan de France, que son curé est plus savant que lui et que tout autre dans la paroisse, et il est heureux de cette science, dont il profite, lui et les siens. Le paysan de France, le paysan Vosgien en particulier, est fier de ses fils, surtout quand il les voit officiers de l'armée ou curés de village.

On lui a dit, à ce paysan, de se ranger du côté du maître d'école et d'engager la lutte contre son curé, avec ce maître comme chef de file. Il n'a pas écouté cette parole et a salué d'un geste de mépris le pouvoir public qui avait tenté de semer la discorde. Le paysan sait gré à la monarchie française de lui avoir donné des églises et des prêtres, et il est reconnaissant à son grand Empereur, l'idole de son patriotisme, d'avoir relevé les autels et de lui avoir rendu ses curés. S'il conserve au cœur le culte des Napoléons et l'espérance de leur retour sur le trône, c'est parce qu'il sait les Napoléon protecteurs du peuple des villes et des campagnes, qui aime et respecte la religion et ses ministres.

On m'a cité le trait suivant. Ecoutez-le :

> ..... « Je ne l'ai lu en aucun endroit,
> Et Malherbe à Racan ne l'a point raconté....»

Une après-midi d'automme, l'Empereur Napoléon 1er était en chasse dans la forêt de Fontainebleau, entouré d'un certain nombre de ses gardes et des familiers de sa cour. Un orage éclate, et une pluie battante force l'Empereur et ses compagnons à prendre abri sous un hangar d'auberge.

Napoléon s'impatientait de cette pluie et s'en irritait, quand il vit, au détour d'une clairière, s'avancer à pas hâtés, un bon vieux curé, serrant contre sa poitrine un objet qu'il cachait aux regards.

Quand le curé fut arrivé auprès de l'auberge, l'Empereur lui dit en souriant : « Halte-là ! monsieur le curé, venez avec nous sous notre abri, vous ne partirez d'ici qu'après l'orage. — Sire, je ne puis m'arrêter. J'ai là-bas, au fond d'une vallée et dans une pauvre chaumière, que les éclairs illuminent à ce moment, regardez donc ! un vieux bûcheron qui m'attend, ou plutôt qui attend le bon Dieu, que je tiens serré contre ma poitrine, dans un petit ciboire. S'il allait mourir avant mon arrivée, mon Dieu ! quel malheur !

Comme il cessait de parler, l'Empereur inclina sa tête nue, par respect pour le saint-viatique porté par ce prêtre, qui s'en allait, en dépit de l'orage, consoler un moribond ; puis, se retournant vers ses courtisans, il leur jeta cette exclamation enthousiaste : « Quels hommes, messieurs, que nos curés de France ! ! »

Quel bon curé que le nôtre ! disaient les paroissiens de Saint-Prancher, après que M. Huot les eût tous visités en ami.

M. Huot se plaisait, dans sa vieillesse, à répéter qu'il avait rencontré dans sa première paroisse, plus nombreux qu'ailleurs, des paysans, religieux, éclairés. Il s'y trouvait, paraît-il, des ouvriers chrétiens, chez qui fermentait et éclatait la poésie naturelle jusque dans leurs moindres mots, et chez qui se montrait une grandeur d'âme continue, en dépit de leur humilité. Le sens pratique de leur vie de labeur leur était révélé, et le divin artisan de Nazareth travaillait avec eux.

Peu soucieux du vocabulaire des écoles, ils donnaient eux-mêmes à différentes productions de la nature et à divers phénomènes qui les frappaient des noms imagés, symboles d'une idée poétique ou d'un sentiment religieux.

Aujourd'hui, dans les mêmes villages et aux alentours, ils appellent l'ellébore, la fleur aux loups; la renoncule des prés, ils l'appellent, à cause de son âcreté, le feu d'enfer; la digitale, c'est le dé de la Vierge; la primevère, avec son pistil en forme de gourde, c'est le pèlerin; les plantes légumineuses, ce sont les sabots du bon Dieu; les jolies petites fleurs jaunes, blanches, bleues, dont les collines sont émaillées, ce sont les clochettes, mobiles clochettes qui se balancent sur leur tige au souffle du vent et semblent, par leur mouvement, comme les cloches d'airain par leurs vibrations sonores, inviter l'homme à la prière. L'abeille, qui, du suc de ces fleurs, tire sa cire et son miel aromatique, c'est la mouche bénie. Les légers filaments que l'on voit, en été, flotter dans l'air, comme les fils détachés d'une gaze légère, ce sont les fils de la Vierge.

Que si, du spectacle de la terre, nous élevons nos regards vers les sphères éthérées, nous retrouvons, dans le langage traditionnel, la même poésie et la même pensée religieuse. L'arc-en-ciel, c'est la roue de saint-Martin, d'autres disent la couronne de saint-Bernard; la voie lactée, c'est le chemin de saint-Jacques; l'étoile filante, une âme qui sort du purgatoire. Je connais une vieille brave femme qui, lorsque ses regards sont frappés par le scintillement d'une étoile filante, ne manque pas de faire le signe de la croix, en disant avec un accent de componction : « *Dieu soit béni ! Encore une âme qui sort du purgatoire pour monter au paradis !* »

C'est à Saint-Prancher que, passant à côté de deux femmes qui cheminaient péniblement, le dos courbé sous de lourds fagots; elles se retournèrent vers moi et me saluèrent en me disant : « Bonjour, monsieur et la compagnie ! « Je regardai autour de moi, quelle pouvait être cette compagnie. Personne. Alors je leur demandai en riant pourquoi elles m'adressaient ces paroles, puisque j'étais tout seul. « Eh ! monsieur, me répondit l'une d'elles, avec un air tout étonné, comme si ma question lui semblait inattendue; c'est la coutume de notre pays. Vous n'êtes pas seul, si vous avez votre bon ange, et c'est lui que nous saluons.

A la tête d'un groupe de paysans si religieux, M. Huot ne pouvait que s'attirer la sympathie. Il profita de ces bonnes dispositions pour amener sa paroisse à l'observation délicate et saintement scrupuleuse du dimanche. Dans ce but, il donna à ses prônes et à ses entretiens, du haut de la chaire sainte, l'attrait d'un récit historique. Il fit à ses paroissiens l'histoire du repos à un jour fixe, par des lectures tirées des annales sacrées et profanes, puis il s'étendit, par des détails intéressants, sur l'œuvre folle et impie des révolutionnaires de France qui, dans leur rage de réformes, avaient entrepris de réformer Dieu même et le Décalogue, son grand œuvre. Il leur fit goûter encore le charme symbolique des cloches. Il leur citait ce fragment, qui vient de je ne sais quel pays et qui représente assez bien le sentiment religieux que nous inspirent nos dimanches :

Quand l'aurore renaît avec sa robe blanche,
La cloche dans les airs chante son chant pieux ;
Sonnez, cloches du temple, annoncez le dimanche ;
Sonnez pour le veillard et pour l'enfant joyeux.

Que celui-là, qui veut que sa maison prospère,
Travaille et se prosterne au pied du saint autel !
Sonnez, cloches du temple ; annoncez la prière,
Qu'importe le travail sans la grâce du ciel !

Si, las de son labeur, sur la terre il se penche,
Voici le samedi qui revient l'égayer.
Sonnez, cloches du temple. Au matin du dimanche
Le Seigneur se souvient de l'honnête ouvrier...

Durant son pastorat à Saint-Prancher, M. Huot fut choisi plusieurs fois pour faire l'éloge de ses confrères défunts ; dans ces circonstances, il était sobre de paroles, et la louange était aisée sur ses lèvres, parce qu'elle était sans flatterie.

« Je n'ai guère loué d'homme vivant, disait Lacordaire, parce qu'il me semble bien difficile de ne pas flatter ceux qui vivent. On n'est à l'aise qu'avec les morts, qui ne peuvent plus vous sourire, et qui aussi ne peuvent plus démentir les belles pages de leur vie. »

Appelé à parler sur un de ses meilleurs amis mort à la fleur de l'âge, il ne trouva pas dans son cœur d'expression plus franche et plus intime que celle-ci : « J'ai aimé cet homme, j'ai aimé ce prêtre. » Puis il se tut, et l'auditoire répondit à ces mots par des larmes. L'affection de M. Huot pour ce mort était, dans la pensée de la foule, un hommage suffisant.

Chez lui, dans son presbytère de Saint-Prancher, il fut le sosie de cet empereur, Titus ou Napoléon III, « qu'on n'alla jamais voir sans revenir heureux. »

La pièce où il se tenait d'habitude lui servait de chambre à coucher et de salon, si l'on peut appeler salon une chambre plus que modeste. Tout y était d'une extrême propreté, mais sans aucune de ces recherches que les progrès du bien-être ont rendues si communes. Les murs étaient simplement blanchis à la chaux. Point de parquet, mais un pavé de carreaux rouges, que cachait en partie une natte de joncs tressés. Pour tout ameublement, un lit en noyer, dont la couverture et les rideaux étaient en indienne à raies blanches et bleues ; une table et un secrétaire du même bois, un fauteuil et quelques chaises en paille. Seulement, à droite et à gauche du secrétaire, des rayons en sapin supportaient des livres dont l'élégante et riche reliure contrastait avec la pauvreté du mobilier. Quelques gravures religieuses décoraient la muraille. Un magnifique Christ en ivoire sur croix d'ébène ornait la cheminée.

Le presbytère était entouré d'un petit jardin, verger et potager.

…Sitôt que le souffle d'avril tiédissait l'athmosphère et que la sève généreuse, courant dans les tiges rajeunies, faisait gonfler les bourgeons roses sur les rameaux noirs ; sitôt qu'au bout des branches le doux renouveau dénouait les feuilles prisonnières comme de petites faveurs vertes, livrée du printemps, il allait et venait, au matin, le long des sentiers de ce jardin. Ces allées et ces venues matinales se répétaient le soir, à l'heure de la récitation de son bréviaire. C'est au fond d'un sentier solitaire de ce jardin, qu'un homme du monde vint un soir pour confier à M. Huot, son ami, ses franches pensées sur le prêtre catholique, qu'il trouvait, disait-il, trop étranger au monde et éloigné des légitimes attachements. — « Détrompez-vous, lui répondit le curé, il y a place dans le cœur du prêtre pour de saines et saintes affections. Mais ces affections, il n'a pas le droit de les enfermer dans un cercle étroit, pas plus que ses devoirs. » Puis il ajouta à peu près en ces termes :

« Elargissez vos âmes, dit l'Ecriture. Au lieu de la petite famille, nous avons la grande. N'avez-vous jamais réfléchi, monsieur, sur le sens des paroles que le prêtre du haut de la chaire adresse à ceux qui l'écoutent : Mes frères ? Elles doivent exprimer, et elles expriment en effet une profonde, une admirable vérité. Tous ceux qui entourent le prêtre sont ses frères ou ses enfants d'adoption. Pour moi, je considère tous les fidèles de cette paroisse comme les membres d'une seule famille, et je leur suis attaché par des liens aussi sacrés que ceux du sang. Qui d'entre eux peut souffrir sans que je souffre moi-même ? selon la belle parole de l'apôtre ? Mais si je ressens toutes leurs peines, je jouis aussi de leur bonheur. Jamais, monsieur, je n'ai pu voir sans émotion de jeunes fiancés, l'espérance dans le cœur, la joie sur le front, venir au pied de l'autel mettre sous la garde de Dieu leurs promesses et leurs affections ; quand je leur donne la bénédiction nuptiale, c'est du fond du cœur que j'appelle sur eux les grâces du ciel, et que je le supplie de rendre heureux ce pèlerinage de la vie qu'ils vont entreprendre ensemble, et dans lequel mes prières les accompagnent. Et ces enfants sur qui je répands l'eau sacrée, croyez-vous qu'ils puissent m'être indifférents ? Et après les avoir fait entrer dans la communauté catholique, quand plus tard je forme leur esprit et leur âme pour les appeler à la sainte table, croyez-vous qu'ils ne m'appartiennent pas aussi ? je les fais naître, je les élève à la vie chrétienne ; ils sont mes enfants, non pas selon la chair et le sang, mais selon le cœur et l'esprit ; et de ces deux filiations, la seconde, n'en doutez pas,

mon ami, vaut mieux que la première au regard de Dieu. »

Aussi le sentiment de cette paternité spirituelle lui donnait une énergie de parole remarquable. A quelques-uns de ses paroissiens,
rebelles à sa voix et à son cœur de pasteur,
il jetait cette apostrophe suppliante, mais
vigoureuse : — « Oui, je suis votre pasteur, et
vous refusez d'être mes enfants; je serai votre
père malgré vous ; je le suis par l'autorité du
ministère qui m'a été confié par Jésus-Christ
lui-même, malgré mon indignité ; votre mépris de ma puissance paternelle ne peut me
l'ôter. Je suis votre père au nom de Dieu. Celui de qui vient toute paternité au ciel et sur
la terre m'en donne sur vous les droits sacrés ;
ils sont, s'il est possible, plus inviolables que
ceux de la nature. Mais si je suis votre père de
droit divin, oh ! mes enfants, je sens que je le
suis encore par le droit de mon cœur, mes
sentiments vous embrassent au dépit de vous-
mêmes ; ne vous refusez pas à ma tendresse ;
j'ai l'émulation de votre bonheur ; vos âmes
sont enchaînées à la mienne. Je donnerai ma
vie avec joie, ô mon Dieu, vous m'en êtes témoin, pour ramener dans les voies du salut
mes enfants qui s'égarent. »

Il voulait accomplir cette tâche de dévouement pastoral quand il fut, par ses supérieurs, appelé au poste plus important, mais plus périlleux et plus délicat, de curé de Rouceux, le quasi-faubourg de Neufchâteau. M. Huot revenait ainsi providentiellement sur les limites de son vicariat de Saint-Christophe.

VIII

M. Huot, curé à Rouceux. — Près du fleuve de Meuse.
— La petite chambrette. — L'église. — Les horizons
d'autrefois. — Nazareth et Béthanie. — Amour pour les
pauvres et les malades.—Le seigneur Eloi.—Les premiers
communiants. — Les élèves de M. Huot. — Les oiseaux
et le chasseur. — Deux épisodes : M. Huot et le prince
de P***. — Les Inglorieuses. — Les poupées royales. —
Un billet de banque. — Les dames du Saint-Esprit. —
Hospices de Rouceux, de Neufchâteau et de Poligny. —
Sœur Anastasie de la Sainte-Trinité.

VIII

J'éprouve ici, en retrouvant les lieux où j'ai passé mes premières années d'adolescence, ce que Lacordaire appelle « un grand sentiment de mélancolie et de religion. » Rouceux est un village, sinon charmant, coquettement assis aux pieds des hautes collines, resserré entre une voie de fer et le fleuve de Meuse qui, tous deux, s'en vont, l'un en murmurant, l'autre en grondant vers le hameau de Jeanne d'Arc. Ses maisons étagées sur les flancs d'un coteau chargé de vignes, le haut clocher de l'église, le cimetière bien exposé au soleil, donnent à Rouceux une physionomie à part, un cachet d'originalité. J'aime ce bon village qui touche aux portes de Neufchâteau et qui doit à ce rapprochement l'urbanité et la politesse fran—çaise qui se trouvent rarement, à si forte dose, dans les milieux où s'agitent les travailleurs des campagnes.

Voici l'enclos du jardin du presbytère, ses allées et ses petits sentiers joyeux, voici l'escalier tant de fois franchi par mes camarades d'études et moi. Voici encore la petite chambrette aux murailles blanchies à la chaux, témoin de nos premières leçons de grec et de latin. — Où ne me suis-je pas promené ici? où n'ai-je pas respiré, où n'ai-je point pris mes ébats bruyants? où n'ai-je pas eu dans ce village mille impressions d'orgueil, de joie, de piété religieuse et d'amour filial? L'église de Rouceux, c'est l'église où je me suis confessé pour la première fois, l'église où, vêtu de rouge et de blanc, j'ai passé comme enfant de chœur, l'église où j'ai fait ma première communion, et d'où je suis parti plein d'un souvenir qui, trente années après, est encore vivace. Les divers horizons qui ont rempli mon regard depuis ces temps ne sont point parvenus à chasser l'horizon d'autrefois.

M. Huot fut nommé curé de Rouceux en 1836, il y demeura quatorze années, aimé de ses paroissiens, les conduisant à Dieu et à la pratique des vertus chrétiennes par l'exemple d'une vie sévère pour lui-même, douce et tolérante pour les autres. C'est dans cette paroisse qu'il mit en relief les grandes lois de son gouvernement pastoral, c'est-à-dire un zèle de feu pour la maison de Dieu, une ardente charité pour les pauvres, un dévouement sans bornes pour les malades et les mourants, et une sollicitude quotidienne pour les enfants qui se disposaient à leur première communion.

Le zèle du prêtre doit aller tout d'abord vers le sanctuaire où repose Jésus-Christ, vers les murailles qui jettent leurs ombres sur l'autel, témoin des mystères eucharistiques. Il se doit à la décoration du sanctuaire, à l'ornementation de l'autel et à la bonne tenue de l'église, par la propreté, ce luxe des maisons pauvres ou modestes en revenus.

M. Huoteut, à Rouceux, le tourment de l'âme sacerdotale qui veut pour Jésus-Christ une demeure moins indigne de sa majesté. Il donna à son église les soins de l'amour dont parle l'Écriture, au sujet des beautés de l'Epouse des Cantiques. Son église était son épouse à lui, qu'il aima comme il eût aimé la maison de Nazareth ou la villa de Béthanie, ces gîtes hospitaliers de Jésus dont l'honneur et la gloire lui tenaient au cœur. Il se prit d'affection pour son église, non point pour elle-même, car elle est encore ce qu'elle était de son temps, une maison de pierres sans lignes architecturales, mais à cause de son état de pauvreté en autels et en ornements pour le sacrifice. Il sut intéresser à cette œuvre de décoration les âmes pieuses et les maisons les plus fortunées de la paroisse.

C'est sous son inspiration et avec le concours du bureau des marguillers et de l'administration municipale qu'il put réaliser diverses améliorations, toutes importantes, pour rehausser l'éclat des cérémonies saintes et le décorum du temple.

C'est lui qui fit l'achat d'un lustre pour le chœur, d'une lampe brûlant nuit et jour devant le tabernacle, d'une statue de Notre-Dame-des-Victoires pour l'autel de la Vierge, d'une série de gravures lithographiées pour le chemin de la croix, d'un calice et d'un ciboire en vermeil, des ornements et des linges sacrés. En un mot, M. Huot se fit à Rouceux le mendiant pour Jésus-Christ, il ne craignit jamais de se poser en quémandeur importun, afin de constituer à son église une dot plus belle et plus riche. Quand, chaque soir, il faisait sa visite au Saint-Sacrement, à genoux sur la dalle devant l'autel, il eût pu dire à Dieu sans offenser l'humilité : « *Seigneur, j'ai aimé la beauté de votre maison et le lieu où habite votre gloire.* »

Après Jésus-Christ et son temple, ce qu'il aima le mieux, ce fut les pauvres, les malades et les mourants. Depuis que le Seigneur Jésus a aimé les pauvres, le prêtre n'est bon prêtre qu'à la condition d'avoir le même amour au cœur. Depuis que Jésus a heurté de son pied la porte des pauvres chaumières, les chaumières sont bénies et doivent être visitées par ses prêtres. Depuis que le Christ s'est penché sur la couche des souffrants et des mourants, la souffrance est sainte, l'agonie est sacrée, et les prêtres doivent s'éprendre d'un grand amour pour les malades et pour les agonisants. Je ne puis donc taire la charité et l'amour de M. Huot pour les pauvres. Sa vie de curé n'est qu'une trame et un tissu d'actes généreux. Les détails de ces actes ne peuvent se narrer; ils échappent à l'éloge, mais leur souvenir reste attaché au cœur des pauvres, et surtout au cœur de Dieu qui rend avec usure ce qu'on lui prête, puisque : « *c'est prêter au Seigneur que d'avoir pitié des pauvres.* »

Jamais un mendiant de Rouceux ou des villages voisins ne vint à la porte de son presbytère sans recevoir l'aumône d'un petit sou ou d'un morceau de pain; jamais une maison pauvre de la paroisse ne fut désertée par lui, il y pénétrait souvent, laissant toujours sur un

coin de table ou dans la main du malheureux
serrée dans sa main, une obole d'argent. De
temps en temps, surtout au Nouvel An et à
Pâques, il invitait les pauvres à venir plus
nombreux à sa porte pour une distribution
plus large d'aumônes ; et l'étranger qui serait
venu à Rouceux ce jour-là et eût demandé le
lieu de la maison du bon curé, on lui eût
répondu : là où vous verrez beaucoup de pauvres réunis. « Il y avait toujours, dit un biographe, à la porte de Saint-Eloi, une troupe si
considérable de pauvres qu'à ceux qui deman-
daient le lieu de sa demeure, on répondait : Là
où vous verrez des pauvres en foule, vous trou-
verez le seigneur Eloi ».

Comme tous les bons curés, M. Huot était
dans l'anxiété, quand un de ses paroissiens était
gravement atteint par la maladie. Il le visitait
chaque jour, l'amenant peu à peu à la récep-
tion des sacrements et des suaves consola-
tions du Christ. Il rencontra quelques âmes
rebelles, comme en avait rencontré son Maître
divin, mais bien peu lui ont échappé, quand à
l'heure dernière, il leur demandait les larmes
aux yeux, d'avoir souci de leur avenir éternel.
Sa meilleure persuasion auprès des agonisants
était le crucifix qu'il tenait d'une main haute,
comme les artistes le placent dans la main de

saint François-Xavier. Il déposait ensuite ce crucifix sur les lèvres du mourant et ne se retirait qu'après une prière sur la dépouille mortelle de son cher paroissien...

Sa sollicitude était extrême pour les enfants, surtout pour ceux que leur âge conviait au banquet de la première communion. Il multipliait alors pour eux les leçons du catéchisme, et cela, avec l'intelligence de leurs aptitudes diverses. Il abaissait ses explications au niveau des petits ignorants et des illettrés, ne se laissant rebuter ni par la mauvaise volonté, ni par la rudesse un peu grossière de quelques-uns. Les enfants de Rouceux aimaient et respectaient M. Huot, parce qu'il était bon pour eux et parce qu'il « *ne les gouvernait que par le cœur et jamais par autorité* » (mode gouvernemental beaucoup vanté par madame de saint Lambert, et que son mari avait expérimenté avec honneur comme duc et gouverneur du Luxembourg)...

Les solennités de la première communion, à Rouceux, faisaient du bruit à Neufchâteau et dans la banlieue, on y venait en foule jouir d'un spectacle touchant : un bon curé se répandant en paroles voilées par des larmes de joie, avant de livrer le corps et le sang du Christ aux lèvres et aux âmes des premiers communiants, et ces premiers communiants répondant à leur curé par une joie intime et silencieuse qui bientôt éclatait en cantiques de gratitude pour Jésus-Hostie.

Tous ces enfants de Rouceux, si bien instruits par leur bon curé, sont-ils restés fidèles à ses enseignements ? Je n'ose l'affirmer, mais tous, aujourd'hui encore, lui savent gré de ses sollicitudes religieuses, et n'oublieront jamais qu'il a dépensé pour eux avec bonheur les ardeurs de son cœur de prêtre et les belles années de sa vie.

Le ministère pastoral de M. Huot, à Rouceux, fut donc consacré à un triple amour pour Jésus, pour les pauvres et les malades, et pour l'éducation religieuse des enfants. En dehors de ces choses absorbantes, M. Huot trouvait encore le temps pour diriger des âmes d'élite vers les sentiers de la vie claustrale, et pour initier quelques jeunes gens aux études classiques. Il eut le bonheur de donner au cloître quelques jeunes filles de Rouceux ; sa dernière recommandation leur disait : « Soyez des anges de prière pour la paroisse et pour son pauvre pasteur. »

Si je note au passage les leçons de latin et de grec qu'il distribua d'une si aimable façon, c'est pour constater que ses élèves lui ont fait honneur et qu'ils affirment aujourd'hui que son souvenir est le meilleur parfum de leur âme, leur meilleure sauvegarde après Dieu, au milieu des périls et des perfidies de la vie publique. Il vit trois d'entre eux se couvrir des gloires toujours imméritées du sacerdoce. L'un est mort il y a dix ans, brisé, à la fleur de l'âge, par la main de Dieu qui le voulait dans son paradis ; il se nommait Joseph Parmentier, et ses reliques reposent là-bas sur les bords de l'océan, dans un village de la Martinique française, loin de Rouceux qui le vit naître et qui l'aimait, loin de sa mère qui, comme la veuve de Rama, ne peut se consoler, parce qu'il n'est plus.

Un autre est aujourd'hui curé d'une paroisse des Vosges, près d'Epinal, il se nomme Jules Tresse. Il aima beaucoup M. Huot ; cet amour lui portera bonheur et lui assurera les faveurs de Jésus pour lui, pasteur, et pour les âmes confiées à sa garde.

Un autre prêtre, le plus favorisé des disciples de M. Huot et le plus aimé, sans doute à cause des tourments qu'il lui causa, c'est moi, son pauvre biographe, le fils de son âme et de ses incessantes sollicitudes de cœur. Il m'a aimé sur la terre : qu'il me continue son amour aux pieds du bon maître Jésus !...

Deux de ses disciples sont officiers dans l'armée et portent fièrement l'honneur de l'épaulette et de l'épée françaises. L'un est M. Castel, officier de cavalerie, et l'autre est le commandant Garcin, ancien chef de cabinet du Ministre de la guerre. Tous deux ont souvenir et respect pour leur maître.

Le dernier en date de ses élèves fut mon frère, aujourd'hui chef du service des contributions à Nouméa, en Calédonie. La nouvelle de la mort de son bienfaiteur lui est-elle parvenue? je l'ignore ; mais ce que je n'ignore point, c'est que mon frère a toujours bien aimé M. Huot, son oncle, et qu'il l'a fixé dans le ciel de sa vie nomade, comme sa bonne étoile.

Qu'étions-nous jadis devant ce maître ? Nous étions dociles et studieux, puis, par intervalles et par caprices, nous ressemblions quelquefois à ces oiseaux sauvages dont parle saint Grégoire, qui, tombant dans les filets du chasseur, s'enveloppent davantage en voulant fuir. Mais chacun de nous, après récapitulation des accidents heureux ou malheureux de sa vie personnelle, se plaît à dire de M. Huot ce que disait hier le poëte :

« Certes, je dois beaucoup à ces maîtres que j'aime;
« Dieu seul peut leur payer ce qu'ils ont fait pour moi;

« Pourtant, je vous dois plus, ô bienfaiteur suprême,
 « Car vous m'avez donné la foi ! » (1)

C'est au séjour de M. Huot à Rouceux, que se rattachent deux épisodes qui font honneur, l'un à son hospitalité délicate, l'autre à son affectueux respect pour les personnes dévouées au service des malades.

Un soir de l'année 1837, vers onze heures, M. Huot entendit le son du marteau de la porte du presbytère frappant avec rage. Il se leva précipitamment de son lit, et on le vit descendre sous le vestibule, portant une bougie allumée : « Qui est là? disait-il. — Ouvrez, je vous en prie, répondait l'inconnu ; je suis un malheureux sans gîte et sans pain. »

M. Huot ouvrit la porte, fit entrer chez lui le voyageur ; c'était un homme de haute stature, aux manières élégantes, vêtu à la mode, et portant un beau visage pâli par la fatigue : « — Monsieur le curé, faites-moi l'aumône d'un peu de pain et d'un verre d'eau, et après, quand j'aurai mangé, je me ferai connaître à vous : n'ayez nulle crainte, je ne veux point tromper votre bon cœur pour moi, ni trahir votre hospitalité. » Les maigres reliefs du repas du soir furent apportés par M. Huot sur

(1) *Caritas*, Mlle Drouet.

la table de la salle à manger ; l'inconnu s'en
rassasia avec avidité, puis quand il eut bu à la
santé de son hôte, il lui dit : « Monsieur le
Curé, je n'oublierai jamais le service éminent
que vous me rendez en ce moment ; j'ai dépisté
la police du roi, qui me poursuit depuis huit
jours, et qui voudrait m'atteindre. Depuis hier
matin, je n'avais pas mangé, et c'est dans les
profondeurs d'un bois que j'ai passé les
longues heures de la nuit dernière. Ce soir, je
me mis imprudemment à suivre la route de
Nancy à Neufchâteau. J'ai eu peur en entrant
dans cette ville, je rebroussai chemin, je vins
frapper à votre porte, vous m'avez accueilli,
je vous en remercie ; j'en remercie la Providence de Dieu, dont vous êtes le ministre. Demain, ou plutôt tout à l'heure, avant l'aube,
je quitterai votre maison et votre seuil, et si,
dans quarante-huit heures, je puis atteindre
la frontière, je vous le ferai savoir, en vous en-
voyant sous pli un billet de banque pour vos
pauvres. » M. Huot eut l'exquise délicatesse
de ne point demander à son interlocuteur im-
provisé, son nom et ses titres. Celui-ci, com-
prenant en quelles bonnes mains il était tombé,
et combien était franche l'hospitalité qu'il recevait sous ce toit pacifique du presbytère,
déclina son nom. C'était un des membres de la

famille princière de P... Mêlé à la politique en vertu de son sang et des grandes traditions, contre les usurpateurs de la branche d'Orléans, il travaillait fièrement pour en délivrer la France et rendre la couronne et le sceptre aux mains débiles, mais honnêtes, de la branche aînée des Bourbons. M. Huot ne dissimula pas à son personnage en quel péril il était lui-même, si la police du roi constitutionnel venait à apprendre qu'il avait ouvert sa maison à un *criminel d'État*, et il souriait en prononçant ces mots. « Mais, rassurez-vous, ajouta-t-il, j'ai fait mon devoir d'homme de Dieu, peu m'importe le reste ; je ne suis pas inféodé comme vous aux destinées de la famille royale, mais, avec vous, je n'ai nulle sympathie pour ces princes et ces princesses d'Orléans ; je les ai tous placés sous cette étiquette : « *les poupées du sang royal.* » M. de P... souriait à ces réflexions, inattendues pour lui, il serra la main de M. Huot avec effusion, puis, prenant congé de lui, il s'en alla, vers deux heures du matin, du côté de la frontière suisse, suivant les prudentes indications que le bon curé lui avait tracées à la hâte sur une feuille de papier.

Deux jours après, un pli soyeux, cacheté de cire rouge, était déposé, par le facteur, entre les mains de M. Huot. Il contenait l'aumône promise aux pauvres. Le message fut accueilli avec une joie d'autant plus grande qu'il était le signe évident que le noble protégé de l'avant-veille était à l'abri des poursuites du roi. Un curé de village avait ainsi joué un bon tour aux sbires de Louis-Philippe, mais les pauvres seuls en avaient profité.

Autre épisode :

Le 8 janvier 1839, M. Huot ouvrait son église, brillamment ornée, pour y recevoir un groupe de vierges vouées à Dieu et au service des malades. Ces vierges, installées depuis peu dans le village et n'ayant pas encore chez elles (*intra muros*) le bénéfice sacré d'une chapelle et d'un prêtre, gardien du corps et du sang du Maître Divin, ces vierges, dis-je, venaient chaque jour à l'église paroissiale, le matin, pour assister à la messe, le soir, à la tombée de la nuit, pour verser leurs âmes aux pieds du saint Ciboire.

Au matin du 8 janvier précité, elles vinrent, suivies d'une foule endimanchée, tenant par la main une jeune novice de leur congrégation. Elles s'approchèrent du maître-autel; après l'oblation du pain et du vin au Saint-Sacrifice, la jeune novice s'agenouilla sur les marches du sanctuaire et fit à haute voix profession religieuse sous le nom de sœur Anastasie de la Sainte-Trinité (1). Le digne curé de Saint-Nicolas, de Neufchâteau (2), présidait à cette profession, spécialement délégué par l'Ordinaire. Il avait, pour témoin civil officiel, le Maire de la commune (3). La cérémonie se fit avec éclat, et la congrégation du Saint-Esprit, sous le supériorat de sœur Justine de saint Adrien, et sous le supériorat de ses successeurs, sut toujours gré à M. Huot de s'être prêté si complaisamment à protéger les commencements de leur maison de Rouceux.

Sœur Anastasie fut particulièrement reconnaissante, et sachant que le meilleur moyen de faire plaisir au bon curé était de se dévouer à ses paroissiens, elle lui demanda d'être chargée de visiter ses malades.

M. Huot resta pendant dix années le conseiller le plus autorisé de la congrégation du Saint-Esprit. C'est à lui que s'adressait l'autorité religieuse et civile pour être renseignée. C'est vers lui que venaient les délégués d'une ville ou d'une administration, en quête de religieuses pour leurs hospices. Il n'est guère

(1) Aujourd'hui supérieure de l'hospice de Neufchâteau.
(2) M. Rémy.
(3) M. Parmentier.

de religieuses hospitalières du Saint-Esprit, affectées au service des hôpitaux de Neufchâteau (Vosges) et de Poligny (Jura), qui n'aient reçu les inspirations de son cœur et les conseils de sa charité pour se fortifier dans leur vocation. (Les dames du Saint-Esprit portent les couleurs blanche et noire. Elles attachent à leurs robes les insignes symboliques du Saint-Esprit, comme autrefois les chevaliers d'Henri III. L'ordre des chevaliers de Saint-Esprit, supprimé en 1789, puis rétabli sous la Restauration, fut de nouveau supprimé par les d'Orléans « ces princes du sang de la Révolution ».)

C'est en vertu d'un décret, portant la date du 18 février 1809 que fut reconnue comme d'utilité publique la congrégation du Saint-Esprit. Son existence fut régularisée par un décret annexé au premier, le 8 novembre 1810.

Cette congrégation est aujourd'hui prospère; la maison de Rouceux est la maison de la Providence auprès des pauvres et des malades. Ses religieuses sont des filles du Christ, douces et humbles, portant un cœur charitable comme celui du Maître : « *Dulcis et humilis Corde !* »

IX

M. Huot, curé-doyen à Charmes-sur-Moselle. —
L'homme d'action. — Le prince président, Louis-
Napoléon. — La ville de Charmes et ses gloires. —
Venise-la-Belle. — Le cardinal Richelieu. — La maison
des Loups. — M. Bécus. — M. Matsuque. — Les habiles
de notre époque. — Une lettre de M. Matsuque. — La
prière de Bossuet. — Le zèle pastoral. — Les missions
diocésaines. — La Fête-Dieu. — La fête de la Répara-
tion. — Lettre de M. Huot à l'Ordinaire. — Les amours
mystiques. — *Fortis ut mors dilectio.*

IX

« L'ascétisme chrétien a toujours un corps,
c'est la vertu; toujours une pierre de touche,
c'est l'action. » Sur le nouveau théâtre où
M. Huot dépensera vingt-cinq années, les dernières de sa vie, son ascétisme sacerdotal ne
se démentira jamais. Fidèle à lui-même et à
son passé, il sera à Charmes ce qu'il fut à Rouceux et à Neufchâteau, l'homme fort dans la
vertu, le vrai soldat du Christ toujours debout pour la bataille, le prêtre aux paroles
courageuses et, pour tout dire, l'homme d'action avec toute la valeur française et chrétienne attachée à ce mot.

Il fut nommé curé-doyen de Charmes-sur-
Moselle, en l'an de grâce 1851, par décret du
prince président Louis-Napoléon. Il ne se ré-

(1) Mme Swetchine.

signa à cette nomination que par obéissance, car il avait jugé de mourir à Rouceux et de reposer avec les morts de cette paroisse, sous une tombe agreste et silencieuse, que l'amour et la piété filiale de ses paroissiens survivants eussent seuls visitée. Il ne devait pas en être ainsi, et la main de la Providence, lui ayant désigné une autre paroisse, lui désigna du même geste un autre sillon de terre pour y dormir son sommeil de mort.

La ville de Charmes n'est pas sans gloire dans les annales lorraines et vosgiennes. Elle fut vaillante jadis, comme jadis le furent ses sœurs, les villes d'Epinal, de Remiremont, de Saint-Dié, de Châtel, de Châtenois, de Rambervillers, de Neufchâteau. Mais elle prime sur elles par la beauté et le luxe de son site. Assise avec grâce sur les rives d'un fleuve, qu'elle laisse errer joyeusement en toute liberté, elle est la cité qui, semblable à Venise-la-Belle, possède deux ciels, l'un sur sa tête, l'autre à ses pieds. Ses rues sont coquettes et pleines de lumière. Son église est petite, mais elle est belle par son antiquité gothique, précieuse par ses reliquaires, par son sépulcre saint et par une haute statue de saint Christophe adossée aux murailles de la chapelle ouvragée des Bassompierre. Charmes possède, à

deux pas de son église, les restes mutilés d'une
maison fameuse, dite maison des Loups, qui
eut l'honneur d'abriter pendant une nuit le
grand cardinal Richelieu, l'incomparable ministre d'Etat, venu à Charmes pour traiter de
l'avenir de la Lorraine, qui, par instinct de
fierté antique, voulait vivre en petit pays indépendant et ne point lier encore ses destinées
aux destinées du grand pays de France.
Charmes possède aussi d'immenses coteaux
de vignes, sa richesse avec ses grandes forêts
exploitées pour la marine et l'industrie.

M. Huot s'intéressa à toutes ces choses dès
son arrivée à Charmes ; plus tard, il étudia,
comme on étudie des parchemins de famille, la
chronique religieuse de sa paroisse. Il succé-
dait à l'honorable M. Bécus, qu'une mort pré-
maturée avait ravi à l'affection de ses paroissiens, qui ne connurent de lui que son aménité
comme pasteur et son activité mystique
comme directeur des âmes.

Le vrai prédécesseur de M. Huot fut M. Matsuque, un prêtre éminent, qui eût noblement
porté le fardeau de l'épiscopat, un homme de
science et de lettres, le père des pauvres, le
conseiller des grands et qui mourut plein de
jours et de vertus, laissant derrière lui un souvenir rayonnant et doux comme un soleil d'un

beau soir d'été, se couchant dans l'or et la pourpre.

Le nouveau curé eut la pensée d'accentuer ce souvenir et de raviver ses couleurs en recueillant les lettres de M. Matsuque, surtout sa correspondance écrite sur la terre de l'exil. Il se heurta, paraît-il, à des obstacles qu'il ne put briser et à la timidité peureuse des détenteurs de cette précieuse correspondance, timidité qu'il ne put vaincre. Il est donc vrai que les habiles de notre temps n'ont aucune virilité de caractère, tant ils craignent de se compromettre vis-à-vis des puissants; ils font même l'injure à ces derniers de les supposer ennemis du grand jour et de la vérité. — La correspondance de M. Matsuque était toute une révélation sur les hommes et sur les choses de la Révolution de 93 et du premier Empire. Sa non-publicité est donc à regretter; l'histoire française y a perdu des pages pleines de transparence sur l'époque si troublée et si tourmentée qui touche à la fin du XVIIIe siècle et au commencement du XIXe.

Je cède au charme que m'a procuré la lecture d'une lettre écrite par M. Matsuque, et je la reproduis ici comme un spécimen de valeur. Cette lettre était adressée à une jeune fille de sa paroisse, résidant à l'étranger.

« Mademoiselle,

« Depuis votre départ, un de mes vœux les plus ardents a été de vivre assez pour vous revoir au milieu de nous et jouir encore de l'heureuse influence du bon exemple que vous avez constamment donné dans cette ville. Il n'y a point d'éloignement pour la pensée; mille et mille fois votre image s'est présentée à notre souvenir. De temps à autre, j'ai prié votre bonne et respectable mère de vous exprimer le vif intérêt que je ne cesserai de vous porter.

« Je savais d'avance, et je vous l'ai dit, que bientôt vous vous concilieriez l'estime et l'affection de l'honorable famille au sein de laquelle vous existez, et qui apprécie si noblement les services essentiels que vous lui rendez. Si quelquefois la tâche est difficile et pénible, les procédés l'adoucissent dans un cœur comme le vôtre.

« Que de choses vous avez apprises, dites-vous; l'expérience est un bon maître, et on lui doit bon gré des leçons qu'elle donne, je l'ai éprouvé comme vous.

« Mademoiselle, le contenu de votre lettre est extrêmement intéressant, il peint à merveille votre belle âme. Si votre lettre vous a paru longue, elle m'a semblé à moi très-

courte, et pour m'en dédommager, je l'ai relue
plusieurs fois et j'aurais besoin de la relire encore. Elle me prouve bien ce que doivent être
et ce que sont, en effet, vos bonnes petites
amies ; leur tendre attachement pour vous est
une bien douce jouissance, et d'autant plus précieuse qu'elle se fera sentir toujours.

« Mademoiselle, pensez bien souvent à nous,
et soyez sûre que nous nous retrouverons.

« Agréez, je vous prie, l'assurance de mon
respectueux et bien affectueux dévouement.

« J.-B. MATSUQUE,

« curé de Charmes. »

Ai-je eu tort plus haut d'exprimer mon re-
gret du silence organisé autour de la correspondance de M. Matsuque ? Cette lettre seule
me justifierait, car elle est le signe indicateur
des délicatesses de style et d'âme de son auteur ; elle est bien en relation avec l'humble,
mais puissante charité du Pasteur qui, sur ses
vieux jours, demandait pardon à Dieu et aux
hommes, par une prière tirée d'un sermon de
saint Augustin. M. Matsuque avait copié cette
prière et, à l'exemple de Bossuet, la conservait
toujours sur son bureau, fixée aux pieds de
son crucifix.

« Je n'ai pas assez de présomption pour oser

me flatter de n'avoir donné à aucun de vous un juste sujet de se plaindre de moi, depuis que j'exerce les fonctions de l'Episcopat. Si donc, accablé des soins et des embarras de mon ministère, je n'ai pas accordé audience à celui qui me la demandait; si je l'ai reçu d'un air triste et chagrin ; si j'ai parlé à quelqu'un avec dureté ; si, par mes réponses indiscrètes, j'ai contristé le cœur de l'affligé qui implorait mon secours; si, distrait par d'autres pensées, j'ai différé ou négligé d'assister le pauvre et lui ai témoigné par un regard sévère être importuné de ses instances; si, enfin, j'ai fait paraître trop de sensibilité pour les faux soupçons qu'on formait contre moi, et si, par un effet de la fragilité humaine, j'en ai moi-même conçu d'injustes, vous, hélas! à qui je me confesse, redevable pour toutes ces fautes, pardonnez-les moi, je vous en conjure, et vous obtiendrez aussi vous-mêmes le pardon de vos péchés. »

Les habitants de Charmes eurent le pressentiment des qualités et des vertus de M. Huot, en l'accueillant comme un bon Pasteur et comme un véritable ami. A première vue, ils le jugèrent charitable, indulgent et tolérant. A sa première apparition au milieu d'eux et à ses premières paroles dans le temple Saint, ils dirent : Un homme d'un visage si beau et si ouvert, un curé de si franche allure, aux manières si distinguées, sans nulle affectation, nous révèle un trésor pour notre ville : qu'il soit donc le bienvenu ; nous l'aimerons comme on aime un père.

Nul ne revint sur cette bonne impression, qui, toute hâtive et improvisée, ne fut ni mensongère, ni exagérée. On vit à l'œuvre le nouveau venu, et l'on sut bientôt qu'on possédait en lui un homme de Dieu, un grand cœur et un sérieux esprit.

A peine installé, il s'adonna aux occupations de son ministère avec une ardeur que rien ne put arrêter, car il voulait faire de la paroisse une paroisse modèle de piété. Le succès répondit à son zèle ; de jour en jour, l'église devint plus fréquentée, le saint tribunal plus hanté, et la sainte Table plus aimée. D'après une pieuse statistique, il est avéré que le pastorat de M. Huot à Charmes y releva le niveau religieux, et que les voies de Sion, qui pleuraient d'être peu visitées, se remplirent du bruit de la foule et du murmure de la prière.

Cette transformation religieuse de la ville ne fit que s'accroître jusqu'en 1860 ; elle eut son complément quand M. Huot appela à son aide la parole apostolique de quelques prédicateurs du diocèse. Avec ces hommes de Dieu et le concours pieux de son vicaire (1), il organisa plusieurs missions qui toutes réussirent, ou du moins ne laissèrent pas que de semer la bonne semence, espoir de moisson pour l'avenir.

La grande préoccupation de M. Huot, de 1851 à 1862, fut d'appeler le respect le plus profond et la confiance la plus aimante autour du Dieu des tabernacles. A cette préoccupation sainte, l'église de Charmes dut le vêtement nouveau de ses murs, un maître-autel splendide d'ornement, un tabernacle richement doté, un orgue d'une harmonie suave, et le déploiement d'un luxe de bon goût dans les cérémonies sacrées, soit à l'intérieur, aux jours des grandes solennités, soit à l'extérieur, quand, aux Fêtes-Dieu, le Christ-Hostie s'en allait, porté par son prêtre, à travers les murs et les places publiques de sa bonne ville.

M. Huot refusa de s'asseoir comme convive chez ses paroissiens et, comme le Christ répudiant ce que l'Évangile appelle « une acception de personnes, » ne connut jamais intimement que les foyers des malades et des pauvres. Quand il se résolut à faire sa visite pastorale et à porter ainsi la bénédiction de

(1) M. Mathieu.

Dieu au sein des familles chrétiennes, il voulut en faire profiter l'église paroissiale ; il alla donc de maison en maison, sollicitant l'achat d'une exposition du Saint-Sacrement. Les familles israélites et protestantes réclamèrent en cette circonstance la visite du pasteur. Il se rendit chez elles et y recueillit de même l'aumône pour le Dieu eucharistique, pour le Christ nié par Israël et pour le même Christ-Hostie, méconnu par ses frères égarés, les chrétiens de la Réforme.

L'amour dévotieux de M. Huot pour l'Eucharistie emplissait son âme plus que toute dévotion ; il en faisait le mobile de sa vie de prêtre, l'axe autour duquel tout devait aboutir. Dans la direction qu'il donnait aux personnes pieuses, il voulait que ses dirigées fussent très-assidues au Saint Sacrifice du dimanche, qu'elles s'approchassent fréquemment de la Sainte-Table, et qu'elles sacrifiassent souvent leurs petites pratiques de surrérogation, pour passer quelques minutes chaque soir en adoration devant le Saint-Sacrement.

Une lettre de M. Huot nous fera connaître plus encore son amour pour Jésus-Hostie. Depuis le Concordat, ce grand acte religieux et social du Souverain Pontife Pie VII et du premier consul Bonaparte, la paroisse de Charmes était en possession de priviléges pieux touchant l'Eucharistie. On y fêtait, à deux époques de l'année ecclésiastique, le Dieu de l'autel catholique, par deux processions magnifiques, au son majestueux des cloches, au bruit des clochettes et à la lueur des cierges brillant çà et là dans le vaisseau de l'Eglise comme une nuée d'étoiles dans un coin de ciel bleu. La liturgie romaine venait d'être inaugurée dans le diocèse de Saint-Dié. Le pasteur craignit l'interdiction de ces bonnes fêtes et il adressa la supplique suivante à qui de droit :

« Depuis le rétablissement du culte, on célébre, chaque année, en l'église de Charmes, le troisième dimanche d'octobre, la fête des réparations des injures faites à Notre-Seigneur Jésus-Christ dans le sacrement de l'Eucharistie. Il y a exposition solennelle du Saint-Sacrement pendant le jour et le soir ; après les complies et l'instruction, procession aux flambeaux dans l'église. Je n'ai jamais rien vu de plus touchant et de plus édifiant que cette cérémonie. Elle se renouvelle le jour de l'Épiphanie, fête principale de l'association de l'Adoration perpétuelle. La paroisse serait affligée de la suppression de ces deux solennités si propres à conserver et à ranimer la foi des fidèles.

« Nous jouissons aussi du privilége de la bénédiction du Saint-Sacrement tous les dimanches et fêtes après la prière et l'instruction du soir. Sans cette faveur, cet exercice, qui est bien suivi, serait abandonné. Daignez donc, Monseigneur, pour la consolation du pasteur et des fidèles, nous conserver nos précieux priviléges. »

L'Ordinaire daigna acquiescer à la demande du pasteur qui, jusqu'à la fin de sa vie, fit acclamer le bon Jésus des tabernacles. C'est donc au zèle de M. Huot que la paroisse de Charmes est redevable de son grand amour pour Jésus et pour les doux mystères des autels. Cet amour ne périra point en elle, car il lui tient au cœur, et il appartient à la famille des amours mystiques qui, mieux que les amours humains, sont fortes comme la mort : « *Fortis ut mors dilectio* ! ! ! »

X

M. Huot curé-doyen à Charmes-sur-Moselle. — Sa charité. — Ses aumônes. « Ce pauvre méchant.» — La douce vision d'une figure amie. — Caractères de la cha- rité. — *Major autem est charitas.* — Le spiritualisme. —L'extase.—Le bon Samaritain.—Création d'un hospice. — Une noble main et un grand cœur. — Les bonnes vieilles femmes. — La Société de Secours Mutuels. — « Ces petites bêtes-là me connaissent.» — Un Israélite en détresse. — Une famille protestante. — Un mendiant sur les grands chemins. — Un pauvre honteux. — Un autre saint Martin.—« Cet homme faisait pousser les pauvres.»

X

Le prince de Ligne disait du marquis de
Boufflers, son ami : « La base de son caractère
est une bonté sans mesure. Il ne saurait supporter l'idée d'un être souffrant. Il se priverait
de pain pour nourrir même un méchant surtout
son ennemi. Ce pauvre méchant! dirait-il. »
M. Huot fut le Sosie de cet homme de bien. Il
fut essentiellement bon pour les pauvres et
pour les malheureux, comme le séduisant
marquis, au XVIIIe siècle; mais sa bonté eut un
charme plus qu'humain, le charme évangélique
qui voit dans le pauvre un être privilégié, une
reproduction vivante des douleurs du Christ.
Pour M. Huot, le Christ-Jésus avait faim quand
un pauvre demandait un morceau de pain; le
Christ-Jésus avait soif quand un pauvre demandait à boire; le Christ-Jésus était dépouillé quand un pauvre demandait un vête-

ment; le Christ-Jésus était sans abri quand un pauvre demandait un chevet pour reposer sa tête; le Christ-Jésus était souffrant au jardin des Oliviers, quand un pauvre était souffrant dans son réduit; le Christ-Jésus était mourant sur la croix du Calvaire quand un pauvre était, mourant sur son grabat.

M. Huot était doué de la science, de la pauvreté et du malheur que l'Esprit-Saint élève à la hauteur d'une béatitude, quand il dit par la bouche du Roi-Prophète: « Bienheureux celui « qui a l'intelligence du pauvre et de l'in- « digent. »

Déjà j'ai dit son amour généreux et les profusions de sa charité; j'y reviens, comme on revient à un site aimé, pour en remplir son regard, comme on revient à la douce vision d'une figure amie.

Rien au monde ne vaut la vertu de charité. Sans doute, toutes les vertus sont inspirées par le christianisme, mais il en est qui font éclater d'une puissante façon son immortelle essence; toutes les vertus sont portées sur la tige sainte, comme des rameaux sur une branche bénie; elles sont toutes sœurs, mais la charité est, de toutes ces filles, celle qui ressemble le plus à son père. Heureuse fille, de ressembler à un tel père!!!... Heureuse, l'âme qui demande à cette vertu d'être sa fiancée et sa compagne, durant le voyage de la vie humaine! Cette âme fera des merveilles, elle sera l'âme d'un saint et d'un héros chrétien.

Les merveilles de la charité de M. Huot ne sont point toutes dans sa paroisse de Charmes, dans ses aumônes jetées à pleines mains, et cependant elles sont nombreuses comme le sont les grains de blé qui tombent de la main du semeur, dans le creux du sillon. C'est que sa charité eut tous les caractères que lui veut le grand Apôtre : « La charité est patiente et « douce. » Patient et doux fut M. Huot. « La « charité n'est point envieuse. » L'envie ne le mordit jamais au cœur. « La charité n'agit « pas insolemment, elle ne s'enfle point. » L'insolence et l'orgueil n'eurent point place dans son cœur de prêtre. « La charité n'est « point ambitieuse, elle ne cherche pas son « propre intérêt. » Il n'eut que l'ambition de gagner des âmes à Jésus-Christ. « La charité « ne s'irrite point; elle ne pense pas le mal. » Il n'eut des colères que contre les vices et les mauvaises doctrines, et non contre les égarés et les pauvres pécheurs. « La charité ne se « réjouit point de l'iniquité, mais elle met sa joie dans la vérité. » Il eut la joie, fruit de la vérité adorée, aimée ; il eut des larmes

pour pleurer ses péchés et les péchés de ses
frères. « La charité souffre tout, elle croit
« tout, elle endure tout. » Simple et droit,
sa charité fut sans défiance, et, n'ayant rien
de commun avec cette crédulité précipitée que
l'Ecclésiastique improuve dans une de ses
pages. « Enfin, la charité ne finira jamais. »
Elle fut chez lui à l'état permanent; elle est
restée, après lui, attachée à son nom et à sa
mémoire parmi les hommes. Il porta un triple
diadème de foi, d'espérance et de charité,
mais ce dernier diadème est le meilleur et le
plus beau autour de son front. « Major autem
est charitas. »

Il y a souvent une lacune dans la charité
des gens pieux; c'est de les voir dans l'hypo-
thèse d'une persécution qu'ils subiraient si
volontiers: ne jamais penser aux persécuteurs.
M. Huot ne se permit point cet oubli des pauvres bourreaux. N'osant pas dire au Seigneur :
Pardonnez-leur (prière non autorisée sur des
lèvres humaines), il disait : Pardonnez-nous,
car il ne se reconnaissait pas le droit de se sé-
parer des coupables, lors même qu'il était leur
victime. Il avait conscience de la solidarité
d'ignominies, d'expiations et de remords qui
doit régner parmi les chrétiens, tous membres
d'une même famille.

Les âmes qui ont .connu intimement l'âme
de M. Huot savent que sa prière et sa piété le
tenaient dans les hautes régions. Malgré cela,
il était toujours prêt à en descendre pour aller
au secours de ses frères. Il n'est permis au
prêtre séculier, surtout à ceux qui ont charge
d'âmes, de se livrer à la contemplation que le
jour où le champ qui leur est confié par le Père
céleste cesse de réclamer leur activité et leurs
durs labeurs. Il n'est pas de spiritualisme qui
rachète de l'action, et l'obéissance, qui fait
ployer les ailes, fait plus dans la vie du prêtre
pour gagner le paradis que le privilége d'une
extase.

M. Huot sut donc ployer ses ailes pour aller,
en bon samaritain, le long des sentiers où se
rencontrent les malheureux, comme on les
rencontrait autrefois sur les voies bordées de
fondrières, qui allaient de Jérusalem à Jé-
richo.

Quand il eut dépensé, à Charmes, l'huile et
le vin de sa charité, il se dit à lui-même, puis
au Maître Divin : « Puis-je aller au-delà d'une
aumône, d'un secours passager, pour les pauvres malades et les vieillards de ma paroisse?
Seigneur, inspirez-moi! » Le Seigneur lui inspira de créer une hôtellerie pour les malheureux, c'est-à-dire un hospice, qu'il plaça sous

le vocable de Notre-Dame-de-Pitié. L'or et l'argent nécessaires à cette création lui vinrent de mademoiselle Céline de l'Espée, c'est-à-dire d'une noble main qui ne se lasse jamais de donner et d'un grand cœur qui reste acquis à Jésus-Christ et aux pauvres, jusqu'à son dernier battement. Sa douce humilité lui fait dire avec le poëte :

Si mon nom, emporté comme un bruit dans l'espace,
D'un trait de charité doit laisser quelque trace,
Tout l'honneur appartient au Pasteur, mon appui ;
Après vous, ô mon Dieu, le fondateur, c'est lui !...
(Achille DU CLÉSIEUX).

M. Huot eut le bonheur de bénir la chapelle de cet hospice, d'y placer Jésus-Hostie dans son tabernacle et d'y ériger un magnifique chemin de croix. Il invita une bonne religieuse (2), qui possédait sa confiance, à accepter le poste modeste de garde-malades. Puis, guidé par je ne sais quels pressentiments de mort prochaine, il précipita ses visites dans ce lieu de charité, et c'est au retour d'un dernier pèlerinage chez *les bonnes vieilles*, ses protégées, qu'il fut atteint des douleurs qui ne devaient plus lui laisser ni trêve, ni merci.

Je ne parle des années mauvaises que pour

(2) Sœur Thécla.

rattacher à ces années demaladies conta-
tagieuses et épidémiques le zèle et le dévouement héroïques de M. Huot. Je note aussi son
empressement charitable pour améliorer le sort
des ouvriers et des travailleurs de Charmes,
en acceptant avec joie la presidence honoraire
de leur Société de Secours Mutuels, en leur
donnant des témoignages quotidiens de son
estime et de son dévouement. Cette société est
en pleine activité, On y distingue ce qu'on appelle, en Allemagne, des *rouages externes de
bienfaisance*, c'est-à-dire :

1º *L'argent des malades*, pour les frais des
médecins et des pharmaciens ;

2º *L'argent des morts*, pour les frais funé-
raires ;

3º *L'argent des veuves et des orphelins*,
pour aider aux difficultés de la vie, quand le
chef de famille n'est plus.

Il est encore d'autres œuvres où j'aperçois,
active et dévouée, la charité de M. Huot; mais,
pour arrêter mon récit et lui barrer le chemin
qu'il voudrait prolonger longuement, je ne
veux transcrire que quelques faits charitables
dont M. Huot fut le héros ; je les choisis entre
mille.

Une nuit d'hiver de l'année 1867, vers le
15 janvier, M. Huot fut appelé auprès d'un

misérable mendiant se mourant dans un réduit d'écurie. Il se leva en hâte pour lui porter les derniers Sacrements. Il resta près de lui durant de longues heures, recommandant son âme au Dieu miséricordieux. Comme le seul témoin de cette scène touchante priait le bon curé de s'éloigner un peu pour échapper à la vermine: « Ces petites bêtes-là me connaissent, » répondit-il, et il resta penché sur cette couche infecte jusqu'à ce qu'il eût recueilli le dernier soupir du pauvre moribond.

Un jour, il rencontra, sur le pont de Charmes, un israëlite qui pleurait à chaudes larmes sur les débris de sa charrette brisée par le choc et le heurt d'une lourde voiture. « Pourquoi pleurez-vous? — Hélas! monsieur le curé, cette charrette était ma seule ressource et mon seul gagne-pain. — C'est moi qui solderai la note du carrossier. » (Cette note se monta à 50 fr.)

Apprenant qu'une famille protestante était dans la détresse, il vint la visiter, lui apporta une somme d'argent suffisante pour vivre modestement et sut, à force de soins et de démarches, lui procurer du crédit et du travail. Cette charité délicate, faite à un foyer qui officiellement échappait à son ministère paroissial, eut sa récompense, car M. Huot eut le bonheur, quelque temps après, d'ouvrir la porte

du bercail du bon Pasteur et d'y donner asile
à cette même famille de protestants, revenue
au catholicisme par la séduction de la vertu
de charité.

On vit un jour M. Huot donnant le bras à un
pauvre vieillard, en le reconduisant à son do-
micile. Ce vieillard, étant ivre, s'était laissé
choir dans la boue du ruisseau.

M. Huot allait sur une route. Il rencontra un
voyageur de misérable allure qui, l'abordant,
lui dit : « Monsieur le curé, je ne puis plus
marcher, et cependant ma course est longue ;
ma femme et mes enfants m'attendent ce soir.
Mais pourquoi ne pouvez-vous plus marcher ?
Que vous manque-t-il ?—Les chaussures. » Et
le voyageur lui montrait ses pieds nus entou-
rés de chiffons sales.—« Attendez-moi un instant, le temps de rentrer chez moi. » Il revint
quelques minutes après, apportant des chaussures à son ami le voyageur, qui le remercia
en pleurant et lui demanda l'honneur de lui
serrer la main.

Une bonne dame de la ville, appartenant à
une famille que l'opulence avait visitée autrefois, était tombée dans une misère profonde.
M. Huot la secourut seul, tant que cette misère
resta secrète. Quand elle fut connue du public,
il y intéressa des âmes généreuses, qui ne

cessèrent point leurs secours toujours discrets et toujours discrètement remis par le bon curé. Cette dame fut recueillie à l'hospice. Elle mourut dans ce lieu de charité, fortifiée par la présence de M. Huot. Mais, avant d'entrer en agonie, elle se mit à verser des larmes. « Pourquoi ces larmes, ma fille ? » lui disait le bon pasteur. Elle murmura tout bas cette réponse : « J'ai peur de m'en aller à Dieu sans avoir payé une dette d'honneur ; j'ai fait un emprunt de 50 francs que mes enfants ignorent ; serai-je pardonnée par le bon Dieu? — Mourez en paix, ma pauvre dame, priez le bon Dieu pour moi et pour mes frères les pauvres pécheurs ; je me charge de cette dette. » Le soir même, les 50 francs étaient remis à qui de droit.

Enfin, en visitant un poitrinaire mal vêtu, il avait gagné un réduit voisin, où il avait tiré son gilet de flanelle pour le donner au malade. Ailleurs, il avait levé de son lit un vieil infirme, il avait nettoyé et rafraîchi l'homme et sa couche et les avait remis peu après délicieusement l'un dans l'autre. Un soir, il était rentré chez lui presque sans vêtements ; il avait cru pouvoir, ce jour-là, imiter saint Martin.

Je m'arrête ; d'autres détails seraient superflus. Cependant, avant de terminer, je veux appliquer à la charité de M. Huot ce qu'un de mes amis disait hier d'un homme de lettres (1) mort à Paris dans la fleur de sa jeunesse : « C'était ruineux de se promener avec lui dans les rues. Partout où il passait, il sortait des mendiants de tous les coins. Cet homme faisait pousser les pauvres ! »

(1) Plouvier.

XI

M. Huot, curé-doyen à Charmes-sur-Moselle. — Ses souffrances morales et physiques. — Sa mort. — Jésus-Christ et ses prêtres. — La couronne d'épines. — « *Quod « Deus vult !* » — « *Fiat voluntas tua !* » — « *Per igno-« miniam et bonam famam* » — Le pardon des injures. — La sainte résignation. — Un projet d'exil. — MM. C... et M... — Un mot de Louise de Savoie. — L'automne du cœur. — Mort de Mlle Catherine Huot. — « Tout fidèle est pontife. » — Une châsse pleine de reliques. — La prédication de l'exemple. — Le docteur Chevreuse. — Le Saint-Viatique. — Une autre Béthanie. — Une âme visible. — Un sourire des cieux. — L'agonie. — Le « *Nunc « dimittis !* » — « *Veni, Domine Jesu.* » — Le 12 janvier 1875. — Mort de M. Huot. — Le suaire blanc. — Le lit funèbre. — La croix de bois. — La veillée funèbre.

XI

Jésus-Christ, dans l'Evangile, a tout fait
pour le prêtre ; on le voit à cette sévérité, à
cette manière spéciale de lui révéler sa misère
et de la dénoncer au monde. S'il y a de l'amer
sarcasme dans la pensée évangélique, c'est
contre le prêtre, le lévite et même l'observant
catholique, dans le pharisien immolé au pu-
blicain. « Les hommes, fiers de s'entendre appeler les ministres de la vérité, doivent répondre par la vertu à cette précieuse vocation,
et nulle part je ne vois Dieu plus jaloux, plus
ardent, qu'alors qu'il s'agit de leur perfection.
La vie du prêtre est une souffrance, mais c'est
une souffrance dont l'Eucharistie le relève et
le console chaque matin. »
    Ce n'est point sur un peut-être qu'il faut

(1) Mme Swetchine.

s'appuyer pour interroger les souffrances et les douleurs de la vie de M. Huot. Il a souffert et souffert cruellement, et c'est à cause de cela qu'il a si bien aimé le Christ souffrant en consolateur, le Christ-Hostie...

Ses douleurs corporelles et physiques furent grandes, quand il lui fallut mourir; plus grandes encore et plus poignantes furent ses douleurs morales, blessures faites à son âme. Il répondit à ces douleurs diverses par la vertu de résignation. Il planta courageusement la couronne d'épines sur sa tête, et, abdiquant toute individualité propre, il demanda à Jésus de le marquer au front du nom d'un saint évêque de Carthage: *Quod Deus vult! Ce que Dieu veut!* « Ne sentez-vous pas, disait Sainte Madeleine de Pazzi, quelle douceur infinie renferme cette parole: La volonté de Dieu! » Oui, mais, pour en arriver à cette saveur des volontés de Dieu, par quelles luttes victorieuses sur elle-même une âme ne doit-elle pas passer? Elle doit être victime et autel tout à la fois: victime sanglante et autel sanglant, semblable à l'Emmanuel de nos tabernacles, qui n'est autre qu'une victime toujours immolée, un sacrifice toujours offert.

M. Huot fut surtout aux prises avec les douleurs qui lui vinrent de certains personnages, élevés dans les hiérarchies profanes et non profanes. Il répondit à ces douleurs avec une dignité toute chrétienne ; il regarda fièrement ces personnages, jusqu'à les troubler dans leurs consciences, puis, après une guerre défensive qu'il poursuivit jusqu'à la témérité, il rentra en lui-même, non point comme Achille sous sa tente, pour désapprouver la fortune et murmurer, mais bien pour s'humilier, demander pardon à Dieu et lui dire : « *Que votre volonté soit faite, et non la mienne.* Ces personnages, qu'il est de mon devoir de rencontrer en champ clos, je ne veux point les mépriser, votre grâce aidant. Seigneur ! je ne vous dois point la victoire sur eux, je ne vous dois que la lutte que je ne puis déserter, lutte où je sauvegarde la justice et le droit lésés. » Il parla toujours ainsi à Dieu, chaque fois qu'il lui fallut se défendre « dans l'opprobre, après avoir reçu la louange et le doux murmure de la bonne renommée. » C'est le mot de l'apôtre saint Paul : « *Per ignominiam et bonam famam.* »

Veut-on savoir la preuve de sa résignation sous les brisements de cœur qui l'oppressaient ? Il écrivait : « Ah ! mon cher enfant, le coup porté est bien cruel, la blessure est profonde, la pointe des épines est aiguë ; j'y dé-

chire mon cœur comme vous y déchirez le vôtre, et cependant, il ne faut songer qu'à Dieu
et au ciel. Qu'y a-t-il donc sur cette terre qui
puisse nous trop émouvoir quand nous pou-
vons nous rendre le témoignage de ne vouloir
et de n'accomplir que la sainte volonté de
notre adorable Maître ? » — « La fureur avec
laquelle on continue à poursuivre votre séparation de moi, est tolérée par la Providence,
qui nous veut comme victimes ressemblant à
son Fils Jésus, persécuté par des esprits sans
mesure, sans science et sans charité. Ah ! bé-
nissons Dieu dans l'épreuve ! Je suis vieux,
mon cher, mais je m'en irai pur de toutes ces
petites passions de rancune et de jalousie... »
— « La plus grande de mes peines de cœur
sera d'être éloigné de vous. Je voyais approcher avec joie les années de notre sacerdoce
en commun. Les ordres de C*** et M*** m'ôtent
cette consolation, ce bonheur. Qu'il en soit
ainsi et que Jésus, notre Maître, soit glorifié
par ce petit martyre, que ces bons messieurs
m'infligent... » Il écrivait encore : « C*** a tort
humainement et religieusement ; il manque de
justice, de dignité et de charité ; mais nous ne
nous vengerons pas de lui. Heureux celui qui
souffre l'injustice et s'en remet à Dieu et au
temps de le punir ! »

M. Huot souffrait donc beaucoup de cette persécution, mais sans que son âme en fut autrement atteinte que par une tristesse dont il fut seul victime et qu'il confiait quelquefois à des amis privilégiés. L'un d'eux m'écrivait ainsi : « Votre cher oncle a maintes fois découvert devant moi et devant d'autres confrères combien il souffrait et combien son cœur était meurtri... » — « Se plaindre et souffrir, et montrer parfois combien il souffrait, voilà, mon cher ami, tout le souvenir que votre bien cher oncle m'a laissé... » — « Vous dire son attachement pour vous, ses plus chères espérances déçues, ses plus chers désirs devenus impossibles, perçant au travers de ses plaintes, c'est ce qu'il est utile de vous exprimer. Vous l'avez vu, vous l'avez senti mieux que tout autre, et il vous l'a fait sentir mieux qu'à personne. » — « En ce qui concerne son caractère, en dehors des qualités qui lui ont mérité les éloges et les sympathies de tous, une chose m'a surtout frappé : c'est, d'un côté, l'humilité, l'abnégation et la résignation avec laquelle il a accepté les sacrifices qui lui étaient imposés, et de l'autre, la patience, l'énergie et; si vous voulez, l'*entêtement* avec lequel il poursuivait ses vues pour le bien de sa paroisse et de son ministère. »

« Il en est résulté que ceux mêmes qui lui avaient fait opposition étaient obligés de s'exécuter et de se défendre devant le public... A mes yeux, c'est là principalement le secret, le grand secret de cet attachement, de cette reconnaissance, de cet amour à peu près unique que lui a voué toute une ville et tout un pays... » — « Et c'est aussi le secret de cette influence qui lui a rendu possible ce qu'aucun autre n'aurait osé tenter, et qui a préparé une si belle place à son successeur. C'est là le secret avec lequel il eût pu dire : « *Cum infirmor tunc potens sum.* Lorsque je souffre, je suis fort et puissant. » (Saint-Paul.)

« Les *puissants*, dit l'Écriture, *sont puissamment tourmentés.* » Il fallait, en effet, que M. Huot fût bien puissant, quoique vaincu et condamné à l'avance par ses opposants, pour oser leur parler comme il le fit quelquefois. Il eut dans sa vie l'audace des actions fortes, il eut aussi l'audace des fortes paroles, témoin celle-ci à M. M*** : « Je suis votre serviteur, mais non votre domestique. » Témoin encore cette autre parole, prise dans une lettre où il donnait sa démission de curé-doyen de Charmes : « Si vous dédaignez de me rendre justice, je m'inclinerai devant votre dédain, mais j'irai recommencer ma vie ailleurs par de nouveaux hasards ; j'irai vers celui qui me fit prêtre, et je lui demanderai pour moi et pour l'abbé X*** la plus petite paroisse de son diocèse. » Justice ne lui fut point donnée, et seules, les pressantes sollicitations de ses amis l'empêchèrent de donner suite à son projet d'exil douloureux. Une épine lui resta au cœur jusqu'à la fin, et ce qui désarma ceux qui l'avaient frappé, ce fut sa vertu. Elle poursuivit pendant les dernières phases de sa vie une marche toujours plus vigoureuse et constamment ascendante, et malgré tout, malgré les personnages hostiles et les choses adverses, il conserva son âme résignée. Il eût pu dire le mot de Louise de Savoie : « Humilité m'a tenue compagnie et Patience ne m'a jamais abandonnée. » Il fit réfléchir ceux qui le persécutèrent, et il les dérouta par l'austérité de son âme, s'imprégnant quand même de bienveillance et d'enjouement ; ils se sentaient pris au dépourvu devant ce phénomène ; car : « Il est dans le monde, dit madame Swetchine, une prédication incessante et persuasive, c'est le rayonnement naturel d'un contentement profond et véritable. Jamais les immortelles espérances auxquelles notre dévouement sacrifie ne seront aussi bien proclamées par nos paroles que par le contraste de nos peines connues avec la radieuse tranquillité de ce repos qui va du cœur au visage. »

D'autres douleurs qui frappèrent M. Huot au milieu des dernières années de sa vie lui vinrent par la mort de ceux qu'il aima le mieux. Durant sa vieillesse, automne de son cœur, il ne se fît pas un mouvement autour de lui qui n'emportât un bonheur, une espérance. Dieu seul peut dire quelles effroyables angoisses le torturèrent pendant la longue maladie de sa sœur bien-aimée, Mlle Catherine Huot, compagne et servante de sa vie pendant un demi-siècle. Le bon Jésus seul a su par quelles alternatives d'espérances et de larmes passa son âme aimante et dévouée, avec quelle anxieuse sollicitude il épia les dernières lueurs de cette lampe près de s'éteindre, et combien dut retentir douloureusement à son oreille le râle suprême de l'agonie. Et quand tout fut fini et quand de cette sœur aimée il ne resta plus ici-bas que l'enveloppe mortelle, le cœur du frère se brisa et s'absorba dans la douleur sans vouloir être consolé que par Dieu et par le « *Memento* » des morts, au saint sacrifice de l'autel.

Mlle Catherine Huot fut le dévouement incarné pour son frère et pour moi. Sa vie fut un tissu de douces et simples vertus. Par son exemple elle invitait à bien faire, et, en cela, elle vérifiait le mot de Tertullien : « Tout fidèle est Pontife... » Quand elle mourut, toute la ville de Charmes lui fit cortége jusqu'au cimetière, et cependant cette bonne fille de Dieu ne connaissait de la ville que le chemin qui va du presbytère à l'église et de l'église au presbytère. Mais la bonne odeur du Christ, ses vertus avaient été pénétrantes et chacun voulait sentir passer sur son âme les rayons de cette âme si longtemps cachée dans une vie toute en Dieu.

M. Huot pleura beaucoup aux funérailles de sa sœur; il avait croisé lui-même les mains de la morte comme pour la prière et l'avait ensevelie pieusement. C'est lui qui ferma son regard, ce regard de mort qui voit peut-être sans pouvoir en faire le signe. C'est lui enfin qui jeta l'eau bénite et la première pelletée de terre sur son cercueil, j'allais dire sur sa châsse pleine de reliques.

M. Huot devait cette douleur et ce culte du souvenir à celle qui mêla et varia maintes fois pour lui les noms de maître, de frère et d'ami, noms qui suffisaient à peine à exprimer son affection si pleine et si sincère. Sa vie dévouée avait dit chaque jour à son frère : « Quoi que ce puisse être, jusque à mettre au vent la

cendre de mes os pour vous faire service, rien ne me sera ni étranger, ni
difficile, ni pénible, mais consolation, repos
et honneur. »

Voici venir sous ma plume mes impressions
sur les douleurs physiques qui affligèrent la
vieillesse de M. Huot et qui durèrent trois longues années sans lui laisser aucun repos, jusqu'au jour de son repos dans la mort. Il ne
pouvait y avoir pour lui de sacrifice plus grand
que celui de se voir réduit à l'impuissance
d'agir et de travailler au salut des âmes pendant un si long espace de temps ; mais toutefois la sérénité de son âme n'en fut pas troublée, et il sut puiser dans la résignation la
plus parfaite à la volonté de Dieu cette paix et
ce calme qui n'abandonnent jamais les saints.
Souffrir, d'ailleurs, pour obtenir la conversion
des âmes égarées de sa paroisse, n'é-
tait-ce pas une occupation digne de ce pasteur ?

Et puis, édifier ceux qui l'approchaient par
le spectacle d'une patience inaltérable et même
d'une sainte gaieté au milieu de ses souffrances, n'était-ce pas encore une prédication, la
prédication de l'exemple plus utile et plus
fructueuse souvent que la prédication orale ?

Tel fut M. Huot pendant l'épreuve de sa longue maladie.

Son médecin, M. Chevreuse, prendra la parole au jour des funérailles de M. Huot et nous dira son courage résigné et sa valeur pieuse dans la maladie.

M. Huot, confié aux soins de M. Chevreuse, eut souvent des heures de calme et de soulagement ; il en profitait pour appeler son confesseur et lui demander, au nom du Christ, un bon pardon, puis il le priait de lui apporter Jésus-Hostie. Quand le prêtre portant le saint Ciboire pénétrait dans le presbytère au bruit d'une petite cloche et à la lueur des cierges portés par la sœur et les amis privilégiés de M. Huot, le cher malade était pris d'un mouvement qui faisait battre son cœur et empourprait sa face pâle. Joignant ses mains, il se laissait traîner jusqu'à la porte de sa chambre, pour saluer le bien-aimé qui entrait. Puis on le tenait debout, et c'était dans cette attitude qu'il recevait l'hostie en murmurant cette prière : « Que le corps de mon Seigneur Jésus-Christ garde mon âme pour la vie éternelle. » 'll disait comme action de grâces : « Jésus-Hostie, je vous adore et je vous aime. » Touchant spectacle que celui-là ! J'en fus le témoin ému plusieurs fois, et jamais je n'oublierai qu'il interrompit un soir le silence qui suivait sa communion en viatique pour me regarder tendrement, comme s'il eût voulu me confier à Jésus, l'hôte divin de son cœur. Ce soir-là, il y avait dans la chambre comme un bruit d'ailes qui se replient; on eût dit une troupe d'anges mêlant leurs pas aux pas du bien-aimé Jésus visitant son malade dans un autre Béthanie!!!

Jusqu'à la fin il porta sur son visage l'expression d'une indulgence souriante, s'efforçant ainsi de cacher à tous, surtout à ses amis et à ses proches, la trace pourtant saisissable de ses souffrances. La douleur avait rendu son âme visible, comme un caustique mordant qui met à nu la trempe des métaux, et cette âme fut toujours sereine et calme comme les eaux d'un lac, miroir des étoiles et sourire des cieux.

Il laissa échapper de cette âme non des paroles, mais bien des voix pareilles à celles qu'on entend autour du lit d'un saint qui abandonne la terre pour aller à Dieu. Toutes ces voix disaient : « Mon Dieu, ayez pitié de moi! » « Mon Jésus, je vous aime ! » « Jésus, je remets mon âme entre vos mains. » Puis encore à ceux qui l'entouraient : « Priez pour moi, je prierai pour vous dans le Paradis. »

Avant son agonie, il étendit ses mains tremblantés sur la tête de ceux qu'il aimait le mieux, puis il les regarda d'un regard immobile, comme pour emporter avec lui dans ce regard le meilleur de leurs âmes et de leurs cœurs!!!

Le *Nunc dimittis* qui a dû s'échapper de ses lèvres mourantes fut celui-ci :

« C'en est fait, ô mon Jésus! la mort vient pour moi; chaque heure de plus me dépouille et me fait descendre de quelques pas vers la tombe! C'est à présent, ô mon Dieu, que vous pouvez attirer à vous votre pauvre serviteur en lui donnant la paix! Mon bagage est allégé; le moins fort de vos anges l'emporterait sous son aile. Le poids de mes péchés a été emporté par votre bon pardon et par mes larmes!! O mort! messagère de Dieu, je te salue!!... Echo des joies futures, souffle de la patrie, miséricordieux appel, je vous entends!.. Je viens en hâte! Amen!! Venez, Seigneur Jésus. *Etiam venio cito! amen! veni, Domine Jesu!*

Il mourut le 12 janvier 1875, au matin, vers deux heures. Nous étions là, nous, ses intimes. Nous lui rendîmes les derniers et douloureux devoirs dans un silence de nuit interrompu par des sanglots. Quand le froid de la mort l'eut atteint dans tous ses membres, je l'embrassai au front, je fermai ses lèvres ; puis, comme frappé au cœur, je m'enfuis pour pleurer.

Il fut revêtu de ses ornements sacerdotaux et couché ainsi dans son cercueil, à la façon du soldat qui, tombé mort sur le champ de bataille, la face tournée vers l'ennemi, est enseveli par ses compagnons d'armes dans les plis glorieux du drapeau.

Sur son lit funèbre, ses lèvres étaient plus animées que mortes ; entre ses paupières à demi-closes, on entrevoyait quelque chose qu'on eût pris pour un regard, tant ses yeux bleus et vifs étaient restés dans leur état naturel. Sa figure toute veinée ressemblait à de l'ivoire jauni : pas une ride sur son front. Des fleurs le recouvraient jusqu'à la poitrine ; ses mains étaient liées par un rosaire, et une croix de bois reposait sur son cœur.

Quand il eût reçu nos derniers baisers, sa sœur et son frère aîné lui couvrirent la face d'un voile blanc, à l'exemple de sainte Véronique, sur les pentes du Calvaire, essuyant avec un linge soyeux la face meurtrie de Jésus.

Puis vinrent les appareilleurs de la mort, qui déposèrent le cher défunt dans le cercueil, enveloppèrent ce cercueil d'un drap noir cons-

tellé et frangé d'argent. On alluma des cierges
autour de cet appareil funèbre, et leur lumière
tremblante fut constamment et pieusement
renouvelée pendant deux jours et deux nuits,
jusqu'à l'heure des obsèques et des funérailles.

————————

XII

Funérailles de M. Huot. — *Son tombeau.* — Le panégyrique populaire. — Les éloges de la Presse. — Une
lettre écrite à « l'*Espérance de Nancy* » et à « l'*Ami du
« Peuple.* » — Le cortége funèbre. — Le deuil public. —
Les obsèques. — Les adieux sur la tombe. — Les âmes
des morts. — 800 messes offertes. — Un couvent de
Trappistines.—Lettres de condoléances.— Un lendemain
de funérailles à Paris. — Une souscription publique. —
Le denier du mendiant.— Un tombeau de marbre blanc.
— Les fleurs et les couronnes. — « *Manibus date lilia*
« *plenis.*» — L'ange gardien du cimetière. — Au revoir!
— Sous un linceul de neige.

XII

Je vais ramener aux allures d'un simple
compte-rendu le récit de la douleur qui se manifesta, à la mort de mon défunt, d'une façon si
éloquente, et par des témoignages de regrets
d'une si touchante expression.

J'ai été le témoin intéressé du deuil triomphal de la ville de Charmes-sur-Moselle,
j'allais dire de son enthousiasme funèbre,
quand elle vit, à l'état de cadavre, son Pasteur sortir pour la dernière fois de son presbytère, porté sur les bras de ses paroissiens
vers l'église et de là au cimetière, ce *dortoir*
des morts chrétiens. Je ne voudrais pas
appauvrir d'un mot ni abaisser d'un ton ce
panégyrique, en plein jour, de tout un peuple,
fait avec un tel accent et une explosion telle de
gratitude et d'amour, que j'oserais l'appeler
le panégyrique d'un bon Père, acclamé juste

saint par la voix et le cœur de ses enfants. La presse départementale d'Epinal fit écho à ces acclamations de deuil, et la presse régionale de Nancy les enregistra dans ses colonnes, sous des signatures d'hommes considérables et autorisés. L'un d'eux, supérieur de séminaire et ancien professeur de rhétorique, écrivait ainsi :

« Nous revenons d'une cérémonie funèbre qui a dû laisser dans les consciences des impressions profondes.

« M. Huot, curé de Charmes, est mort mardi dernier, 12 du courant. Ses funérailles ont eu lieu jeudi dernier. Nous n'avons jamais vu pareil concours et rarement nous avons été témoin de pareils regrets. Toute la ville, émue, était accourue pour rendre un dernier hommage au pasteur aimé... » (1)

Invité à compléter le récit de cette douleur publique, je fis trêve au silence que m'imposaient mes attaches de cœur avec le défunt, moins pour obéir à cette discrète invitation que pour ne point laisser dans l'oubli les détails d'une cérémonie de deuil, pleine de larmes et de religieuse édification. Je voulais surtout livrer à la publicité les saines et déli-

1) M. Vuillaume, supérieur du petit séminaire de Châtel-sur-Moselle.

cates louanges prononcées sur la tombe du pasteur par son vénérable médecin.

Voici ce que j'écrivis, de Paris, au journal de Nancy, *L'Ami du Peuple* :

« Le 12 janvier 1875, *Jean-Baptiste-Augustin Huot* rendait sa grande âme à Dieu, après une douloureuse agonie et après deux années de souffrances supportées en héros chrétien, avec un abandon sans limites à la divine Providence.

« Les cloches qui annoncèrent sa mort à la cité de Charmes eurent, le 12 janvier au matin, des échos pleins de larmes qui frappèrent au cœur toute sa paroisse.

« On se disait l'un à l'autre : Il est mort, notre bon curé, le pasteur de nos âmes, le conseiller de nos familles, la providence de nos pauvres, l'ami de cœur !! Nous lui ferons de belles funérailles, nous, ses fils et ses filles bien-aimés !!

« Et tous, et toutes allaient au presbytère, pénétrant dans la chambre funèbre pour contempler une dernière fois les traits de son beau visage, que la mort avait respectés. Quand vint le jour des obsèques (le 14 janvier), l'église paroissiale vit passer sous ses portes, 50 prêtres, l'élite du clergé vosgien, venus de tous les points du diocèse de Saint-

Dié, pour verser leurs âmes aux pieds de leur frère défunt et pour lui donner leur meilleure prière sacerdotale par l'oblation du pain et du vin au saint sacrifice.

« A neuf heures, toute une population de trois mille âmes, faisant trêve à sa besogne et à ses affaires, remplissait les rues aboutissant à l'église et se répandait par groupes, ayant chacun son mot d'ordre et de pieux ralliement, dans les rangs du funèbre cortège.

« En tête, on distinguait les enfants des écoles, les orphelines, les pauvres de la ville; sur les ailes, les diverses congrégations et associations des dames et des demoiselles. Les jeunes gens de la Société chorale marchaient au centre, suivis du clergé précédant le cercueil couvert de fleurs et chargé de couronnes.

« Les pompiers en grande tenue, officiers et soldats, s'étaient constitués en gardes d'honneur et avaient sollicité le privilège de porter eux-mêmes sur leurs bras les restes mortels de leur curé.

« Le deuil était conduit par le frère et la sœur du défunt, par son neveu, vicaire à Paris, par son cousin, maire d'Epinal, par les membres de la Fabrique et du Conseil municipal, par les honorables représentants de la magistrature locale, et par les membres de l'association de secours mutuels, son président en tête.

« Quand le cortége pénétra dans l'église, trop étroite pour une multitude, il se fit un silence plein de mystère pieux. Un frisson s'empara de tous à l'audition des chants de mort répondant à la voix et aux larmes du célébrant, *M. Damien, curé de Remiremont*, digne et tendre ami du défunt. Le silence devint solennel quand *M. le curé d'Epinal*, debout dans la chaire chrétienne, entreprit l'éloge du pasteur vigilant des âmes et de l'ami des pauvres. J'aimerais à reproduire ici les paroles et les accents douloureux tombés des lèvres de l'orateur sacré. J'attends avec impatience qu'on fasse violence à sa modestie pour être en possession des feuilles manuscrites (1). Qu'il suffise de relater que l'auditoire répondit par des larmes et des sanglots aux bonnes paroles du panégyriste. Ce fut là une réponse sympathique et la meilleure des louanges.

« Après l'absoute, on se remit en marche processionnellement.

« Au seuil de l'église, il y eut dans la foule

(1) M. le curé d'Épinal s'est refusé à toutes les instances verbales : il s'est dérobé par un mutisme opiniâtre aux instances écrites.

un mouvement étrange : tous les regards allèrent vers l'autel comme pour demander aux anges du sanctuaire de retenir auprès d'eux leur ami depuis vingt trois ans.

« Le voyage à travers la ville fut triomphal. En signe de deuil, les portes des maisons étaient closes. Les magasins étaient fermés. Les bâtiments de l'hospice (fondé par *M. Huot*, en collaboration avec *Mlle Céline de l'Espée*, l'ange de la charité et de l'aumône dans la ville de Charmes) étaient tendus de noir, et la porte d'entrée, largement ouverte, semblait dire : la maison est vide et orpheline, puisqu'il n'est plus !!

« Au cimetière, où le pasteur allait rejoindre ses paroissiens défunts, il m'est impossible de décrire l'empressement de toute la multitude voulant s'approcher de la fosse ouverte et plongeant un dernier regard sur le cercueil, précieux reliquaire des dépouilles mortelles d'un pasteur bien-aimé. Après la chute d'une pelletée de terre, on fit silence pour écouter les suprêmes adieux adressés au défunt, au nom de la cité, par l'honorable *M. Chevreuse, docteur en médecine*. De tels adieux font honneur au cœur qui les dicta et révèlent les attaches religieuses qui unissaient le pasteur malade à son médecin si savant et si délicat.

« Voici ces adieux recueillis par un obligeant sténographe :

« Messieurs,

« Pourquoi cette foule immense et recueillie? pourquoi cette tristesse empreinte sur tous les visages? pourquoi ces larmes et ces sanglots?

« C'est qu'une noble vie s'est éteinte, s'est transformée plutôt, dans notre cité, car la vie humaine est impérissable : *Vita mutatur, non tollitur.*

« Le pasteur qui, depuis vingt-trois ans conduisait nos âmes dans les voies du ciel, que nous entourions de tout notre amour, de tous nos respects, n'est plus ici : il est entré dans une autre patrie où toute misère est inconnue.

« Qu'il y trouve et qu'il y savoure les fruits qu'il a semés abondamment sur la terre durant son apostolat de plus de quarante ans ! Que son zèle infatigable pour le bien, que sa charité inépuisable envers les pauvres qu'il a si généreusement et si discrètement secourus, obtiennent leur récompense ! Que tous ces trésors versés entre leurs mains et dont il n'a pas gardé la plus petite parcelle en ce monde;

lui constitue un fonds précieux pour l'éternité !

« Un seul fait entre mille vous montrera, Messieurs, le caractère plein d'abnégation de sa charité.

« Un jour d'hiver rigoureux, M. Huot visitait un indigent, dont la poitrine malade ne se trouvait pas suffisamment protégée contre le froid. Il se retire un moment dans une pièce voisine et lui apporte le gilet de laine dont il venait de se dépouiller. — Prenez ce vêtement, mon ami, lui dit le nouveau saint Martin, il m'a été donné pour votre usage.

« Un si long apostolat rempli avec un zèle infatigable et un dévouement sans bornes, les émotions inséparables d'une guerre cruelle, l'envahissement brutal de son église pour la célébration d'un autre culte, plusieurs chutes dont les conséquences furent négligées : telles sont les causes qui ont précipité la fin de l'excellent pasteur.

« Je sens que tout mon être est usé, » me disait le saint homme dans une des nombreuses visites que je lui ai faites. Et il me montrait avec une tristesse mêlée d'une pieuse résignation ce bras paralysé, impuissant à bénir ses ouailles.

« Plus de deux années se sont ainsi écoulées, et pas une parole de murmure et d'impatience ne s'est échappée de ses lèvres ; deux années, Messieurs, deux siècles pour un prêtre aussi zélé et aussi fervent, qui savait que nulle science humaine ne pouvait lui rendre la liberté de ses mouvements et le remettre en situation de célébrer le divin sacrifice.

« Deux siècles aussi pour moi, Messieurs, qui aurait tant voulu répondre à sa confiance par la guérison et vous restituer, [sain et vigoureux, celui que vous entourez en ce moment de tous vos regrets.

« Adieu, bon pasteur, au nom de toutes les ouailles qui te vénéraient, des affligés que tes paroles savaient si bien consoler, des indigents que tu as tant secourus !

« Au revoir plutôt, car du haut de la céleste demeure, tu veilleras sur ceux que tu as trop tôt délaissés et tu leur obtiendras la faveur insigne de partager un jour ton bonheur et ta gloire. »

Le lecteur me permettra de m'adresser à M. Chevreuse et de lui dire :

Vous ne pouviez rester muet devant la tombe de M. Huot, votre malade. Il vous appartenait à vous, son médecin, le témoin de ses longues douleurs, d'affirmer que le Christ, le Dieu des douleurs peut seul, par sa grâce et par la vertu de ses plaies toujours ouvertes, peut seul, dis-je, inspirer une résignation semblable à celle dont M. Huot fut le héros sous vous yeux. Vos hommages, sous forme de suprême adieu, ont interprêté dignement le deuil et la reconnaissance de tous. Vos bonnes paroles de cœur ont rencontré la meilleure des sympathies, la sympathie de la prière. Les cœurs de ceux qui vous ont entendu au cimetière de Charmes se sont souvenus de vous près de Jésus, sauveur et médecin des âmes. Demain et dans l'avenir, il parleront de vous à Dieu dans une prière où il mêleront deux noms : le vôtre et celui du pasteur défunt (1).

Quant le cortége sortit du cimetière, les rayons d'un beau soleil doraient le sommet des tombes. Etait-ce les morts cachés sous ces mêmes tombes qui apportaient leur bon accueil aux restes mortels du pasteur et qui se rangaient en couronne autour de son âme sur le chemin du paradis. Elles ont

(1) M. Chevreuse est de la bonne ecole spiritualiste, de celle qui dit volontiers avec M. Chaix d'Est-Ange : « Il est indigne de soigner les corps, celui qui insulte l'âme immortelle. »

dû être nombreuses, sur les voies pleines d.
lumière mystique, les âmes qui annoncèrent
au Seigneur la mort de mon défunt, qui, durant
un demi-siècle de sacerdoce, ne confia à la
mort, cette terrible moissonneuse, que des épis
de pur froment, embaumés des parfums du
Christ et mûris aux rayons de son divin
soleil.

Au lendemain des funérailles, j'ouvris les
nombreuses lettres des amis de mon défunt,
m'exprimant leur profonde douleur et regret-
tant de n'avoir pu faire cortége à ses cendres
jusqu'à la tombe. Des lettres de condoléances
me vinrent ne tous les points de la Lorraine et
de la France ; et toutes renfermaient des paroles de cœur et la promesse d'une prière pour
celui qui avait tant prié pour les autres. Dans
les derniers jours de janvier 1875, on offrit à
Dieu 800 messes pour le repos de son âme ; il
y eut plus de vingt monastères d'hommes et
de femmes, tant à Paris que dans les Vosges,
qui s'imposèrent pour lui d'austères mortifications, lui donnèrent le bénéfice sacré de leurs
bonnes communions et les indulgences d'un
pèlerinage aux stations du Calvaire.

Quel charme pieux et quel doux parfum de
reconnaissance dans cette lettre, venue d'un
pauvre monastère de Trappistines :

« Monsieur l'Abbé,

« Inutile de vouloir vous dire combien je suis touchée de votre affliction et toute la part que j'y prends, ainsi que la communauté, je ne saurais vous l'exprimer.

« Nous chérissions, nous vénérions M. le curé de Charmes, comme un très-digne ministre du Seigneur, comme un père, un ami, un bienfaiteur. Il était tout cela pour nous et pour tant d'autres !

« Depuis hier, nous sommes en prières pour cette belle et grande âme que Dieu a rappelée à lui dans sa miséricorde pour la récompenser de ses labeurs ; aujourd'hui, nous avons offert la communion et le chemin de la croix à cette intention, et tout prochainement, nous appliquerons encore une communion générale à cette fin. Nous sommes pressées de hâter le parfait bonheur de celui qui nous portait tant d'intérêt et qui nous le prouvait si bien par son dévouement.

« Il est bien sûr que votre nom se retrouve dans nos faibles intercessions à côté de celui de notre regretté défunt. Bientôt nous aurons un protecteur de plus dans le ciel, car il continuera à nous aimer : là-haut, on n'oublie pas !

« Agréez, monsieur l'abbé, l'assurance de ma respectueuse et douloureuse sympathie en J. M. et J.

    « Votre très-humble,

      « Sœur Marie THAÏS (1).

      « 13 janvier 1875. »

Un saint prêtre du diocèse de Saint-Dié, M. Maillot, curé de They-sur-Monfort, canton de Vittel (Vosges), m'écrivait :

« Je pleure la mort de votre cher oncle, que j'aimais et vénérais, aimé et vénéré encore dans sa douce mémoire..... »

Un autre prêtre vosgien que dévore le zèle de la maison de Dieu, M. Victor Mourot, curé de Monthureux-le-Sec, canton de Vittel (Vosges), me disait : « J'ai pris la part la plus grande à votre douleur, votre cher oncle était l'ami du mien. Aujourd'hui ils se trouvent réunis dans l'éternité ; prions-les de nous encourager et de nous bénir... Tout le clergé du diocèse est attristé de cette perte... Votre oncle, de vénérée mémoire, était franc et indépendant... Je serais heureux de vous voir publier quelques pages d'une notice sur le regretté défunt, vous seriez lu avec intérêt,

(1) Supérieure du monastère de N.-D.-de-la-Trappe-de-Saint-Joseph, à Ubexy, canton de Charmes.

comme l'a été votre lettre sur les funérailles, insérée dans l'*Espérance* et dans l'*Ami du peuple.* »

Et pour me borner dans mes citations, je termine par une lettre de condoléance, bonne entre toutes. Elle est d'un personnage dont il a déjà été question dans mes pages (1) :

« J'aurais bien désiré me trouver aux funérailles de votre cher oncle, mais j'ai reçu trop tard votre lettre d'avis. Aujourd'hui, je me suis fait un devoir de dire la sainte messe à l'intention du cher défunt.

« Vous pouvez bien croire que je prends la part la plus vive à la perte douloureuse que vous avez faite. Vous avez raison : j'aimais beaucoup votre oncle, il me portait aussi une grande affection. »

Le 28 janvier 1875, à Paris, je donnais un lendemain aux funérailles de mon défunt. Je fis part de mon deuil en ces termes, imprimés sur papier bordé de noir :

« J'ai la douleur de vous annoncer la mort de vénérable, discrète et scientifique personne, messire Jean-Batiste-Augustin Huot, curé

____

(1) M. l'abbé Henri, ancien supérieur du collége ecclésiastique de la Trinité, à Lamarche, auteur d'ouvrages remarquables de littérature et de piété.

doyen de la ville de Charmes-sur-Moselle (Vosges), mon oncle et mon bienfaiteur, le père de mon âme et de ma vocation sacerdotale.

« J'ai l'honneur de vous inviter au service qui sera célébré pour lui le jeudi 28 du courant, à 11 heures très-précises, en l'église Saint-Eloi de Paris, rue de Reuilly, 36.

« Veuillez agréer mes meilleurs sentiments de respect et de gratitude. »

Plus de 300 personnes répondirent à cet appel et vinrent me donner l'aumône de leur piété pour le mort que je pleurais. M. le curé de Saint-Eloi et son clergé eurent dans cette circonstance des délicatesses de cœur que je ne saurais oublier. A l'heure de ce service funèbre, je vis prendre place près du catafalque un groupe d'officiers connus de mon défunt et de moi pendant la dernière guerre contre l'Allemagne. J'eus l'honneur de leur serrer la main et de les remercier de leur démarche.

Je serais l'infidèle écho de mon âme, si je ne relatais point l'émotion que je ressentis quand j'aperçus dans l'assistance mon ancien colonel, M. le baron Philippe de Bourgoing, député de la Nièvre. Il s'était dérobé à ses travaux et aux préoccupations de son mandat, pour unir sa prière à ma prière. Cette démarche généreuse du baron de Bourgoing n'était pas isolée ; j'ai toujours apprécié son âme comme une âme chevaleresque, une âme riche remplie jusqu'au bord d'un amour généreux pour son pays et d'un respect profond pour les choses religieuses. Il m'avait écrit quelques lignes dont j'ai souvenir :

« Monsieur l'abbé et cher aumônier,

« Je vous prie d'agréer l'assurance de ma bien vive sympathie pour le malheur qui vient de vous frapper si cruellement ! Je ne manquerai pas de vous assister, jeudi prochain, pendant la triste cérémonie à laquelle vous avez bien voulu me convier.

« Je suis, et serai toujours votre très-affectueux et dévoué, et je vous prie de croire aux sentiments de haute considération de votre ancien colonel,

« Baron Ph. DE BOURGOING. »

A ces diverses cérémonies funèbres et aux témoignages d'amitié qu'elles suscitèrent pour la mémoire de mon défunt, je joins comme corollaire quelques mots sur la souscription populaire, organisée dans la ville de Charmes, pour lui ériger un tombeau.

L'initiative de cette souscription appartenant aux membres du conseil municipal et de la

société de secours mutuels, l'honneur de sa
réalisation appartient à tous les habitants de
la ville sans distinction. L'obole vint de tous,
des riches et des pauvres, des foyers israélites
et protestants, comme des foyers catholiques.
Nul ne se déroba à cette aumône pour le prêtre qui ne s'était jamais dérobé à l'aumône,
quelle que fût la main qui se tendait vers lui;
quelle fût orthodoxe ou heterodoxe. La charité
catholique ne porte sur son drapeau que cette
devise : *Je suis tout à tous.* L'obole de souscription vint donc de toutes les bourses; cette
obole fut légère quand elle fut distraite des
économies des enfants et des vieillards, mais
elle eut devant Dieu la valeur du denier de la
veuve de l'Evangile. N'était pas jusqu'aux
mendiants qui voulurent prendre part à cette
fête de charité pour le tombeau de leur bon
curé. On m'a cité ce fait à la louange d'une
pauvre vieille de la rue du Four. Elle portait des
haillons pour vêtements et rentrait chez elle
dans une chambre borgne quand elle apprit
que « *des bons messieurs* » faisaient une col-
lecte de maison en maison et de porte en porte.
Elle courut à leur rencontre et, tirant de sa
poche une poignée de grosse monnaie, elle
compta dans leurs mains cinq décimes, ne se
réservant que 20 centimes pour s'acheter un

morceau de pain : « Voilà pour M. le curé, dit-elle, il m'en a assez donné pendant sa vie, il faut bien que je donne quelque chose à ce pauvre cher homme ! »

Au soir du premier jour de la souscription, messieurs les collecteurs comptaient 1,600 fr. de recette. Le lendemain, la somme de 2,000 fr. était atteinte et la souscription était close. Par une de ces coïncidences dont le secret m'émeut, tout en m'échappant, je constatais que lorsqu'à Paris je donnais un rendez-vous de charité pour mon défunt, au même jour et aux mêmes heures, la ville de Charmes lui votait un tombeau par acclamation populaire et priait ses édiles de se réunir en séance extraordinaire, pour hâter l'édification du monument. Cette séance eut lieu dans les salons de l'hôtel-de-ville, et je fus instruit des délibérations qui y furent prises par une lettre obligeante que voici :

« Monsieur l'abbé,

« Nous venons, au nom du conseil municipal de la ville de Charmes et de la société de secours mutuels, vous faire part des résultats de souscription et de votations de sommes obtenues en vue d'élever un monument à la mémoire de M. Huot, curé de notre ville et votre oncle. Dans sa dernière séance, le conseil municipal a voté avec les hommages les plus sincères pour la mémoire de votre oncle, une somme de 500 francs. D'un autre côté, une souscription, organisée par les soins de M. le président de la société de secours mutuels, a produit une somme de 1,600 fr. Enfin, une commission, choisie dans le sein du conseil et de la société, est nommée afin de s'enquérir des voies et moyens les plus propres à réaliser le projet d'élévation du monument.

« Avant tout, nous tiendrions à savoir si vous auriez un plan à nous proposer et si, en tout cas, vous ne pourriez nous aider de votre expérience. Vous voudrez bien nous faire part de vos intentions le plus tôt possible.

« Nous profitons de cette bonne occasion pour vous offrir l'hommage de nos sentiments bien respectueux et bien empressés. »

Cette lettre était datée du 28 janvier 1875 et portait les signatures de messieurs Masson, Marchal, etc...

Je répondis à cette communication dans les termes suivants :

« Monsieur le président de la Société de secours mutuels de la ville de Charmes,

« Je vous prie d'être l'interprête obligeant de ma gratitude la plus profonde auprès des honorables membres du conseil municipal de Charmes et auprès de ces messieurs de la Société de secours mutuels, dont vous êtes le digne et vénéré président.

« Il me semble que les cendres de mon oncle, votre bien-aimé pasteur, reposeront mieux abritées par le monument d'honneur et de piété filiale que vous vous proposez de lui ériger.

« Je vous adresse donc, monsieur, les remerciements du cœur, et par votre intermédiaire je remercie tous les habitants de votre belle cité.

« Ce que vous ferez pour le monument funèbre de mon cher oncle sera bien fait, surtout si vous priez l'artiste de se souvenir que le pasteur défunt aimait le beau dans les arts, mais le beau dans des lignes simples et riches tout à la fois. Une lourde pierre tombale avec une croix en relief, une inscription brève avec date de naissance et de mort, un texte de l'Évangile résumant la vie et les vertus du défunt, puis, enfin, une autre inscription disant : *A son pasteur bien-aimé, la ville de Charmes reconnaissante*, etc. etc... telle peut-être, sauf changement, l'esquisse artistique d'un monument de ce genre.

« Quand il s'agira des détails et de la mise

en œuvre de votre généreux projet, honorez-moi de vos lettres, et je m'empresserai d'y répondre.

« Je reste avec honneur l'obligé de la ville de Charmes et votre serviteur, Monsieur le président, très-respectueux et très-dévoué. »

Le 21 avril suivant, je reçus avis que la commission municipale avait chargé un artiste de Nancy de l'exécution du monument dédié à mon défunt. Le marbre blanc fut choisi comme matière plus riche et comme symbole de la pureté et de la transparence de la vie si pure et si belle du pasteur défunt. La bénédiction liturgique de ce marbre fut retardée jusqu'à la mi-octobre 1875, sans doute pour permettre au nouveau curé d'inaugurer son ministère par une prière solennelle sur la tombe de son prédécesseur et d'établir ainsi un lien d'amitié pastorale avec lui à travers les ombres de la mort.

Ce monument de bel aspect porte, gravée sur sa face antérieure, l'image du Christ, un Christ crucifix.

Aux pieds de ce crucifix, on voit, gravées en relief, les armes du prêtre, les instruments de sa dignité, de sa consolation et de sa force; ses armes de paix, les instruments de son martyre et de ses extases, je veux dire une croix et un calice entrelacés.

Le monument est gardé par une grille bordure, semblable à celle des parterres publics. Un petit coin de terre est clos par cette grille. Les plantes vivaces y donnent une belle verdure en hiver; elles font place à une corbeille de fleurs pendant les saisons du printemps et de l'été. Chaque jour, ce tombeau est visité par l'amitié fraternelle; chaque jour, surtout à l'heure où le soleil décline et tombe dans la nuit, ce tombeau est visité par l'affection d'une noble et pieuse orpheline, qui ne peut se consoler, parce que celui qui lui tenait lieu de père n'est plus. Chaque jour le tombeau de ce père est surchargé de couronnes par les soins de ceux et de celles qui composaient sa famille paroissiale.

C'est pour cette tombe que l'ange gardien du cimetière de Charmes a réveillé cette parole antique : *Manibus date lilia plenis* : Jetez sur lui à pleines mains des gerbes de fleurs et de lys embaumés. Les gerbes de fleurs ont été jetées sans compter, et l'ange du Seigneur s'est incliné vers elles pour recueillir dans leurs calices d'or et de pourpre les prières et les larmes de tout un peuple qui a souvenir.

Et maintenant, que me reste-t-il à faire? Il

me reste, à moi, si tendrement aimé par celui qui avait nom Jean-Baptiste-Auguste Huot, de me transporter chaque jour par la pensée et par le cœur sur sa fosse fermée, où il dort dans son suaire, sous un revêtement de marbre blanc. Au nom de sa famille éplorée, au nom de ses amis dans le sacerdoce, au nom de ses paroissiens d'hier et d'autrefois : de Neufchâteau, de Saint-Prancher de Rouceux et de Charmes, je lui dirai la parole de l'affection et de la reconnaissance.

« Au revoir ! nous t'aimerons toujours, tu es caché aujourd'hui sous la pierre sépulcrale; mais tu reparaîtras demain, à l'aurore du grand jour de Dieu !... Tu es semblable à l'airelle du pays du Nord qui fleurit en été, mûrit en automne et se récolte au printemps, après un long hiver sous un linceul de neige !!! »

XIII

*Le patriotisme de **M. Huot**.* — Les alliés en 1814. — Jeanne dArc. — Le bienheureux Pierre Fourier. — Les gloires vosgiennes. — Fastes et néfastes. — La grande maladie du froid. — Un fragment de Lacordaire. — L'année terrible. — Le maréchal duc de Magenta. — Fors l'honneur. — Lettre d'un aumônier militaire. — Les braillards de la République. — Le *Pandæmonium*. — Charette — La ganache de Caprera. — *L'héroïsme en soutane.* — Hurrah ! — Les Prussiens pétroleurs. — Le capitaine Schwartz. — Une fameuse lettre. — Un coup de poing. — Deux ouvriers patriotes. — Les passe-partout. — *Inter pocula*! — La force prime le droit. — Le 27 juillet 1873. — Une obole d'or. — Noël aux léopards ! — Noël aux ours ! — France, souviens-toi !

XIII

« Il est trois choses, dit la princesse de Salm,
dont tout homme bien élevé ne doit point
médire : la Famille, la Religion et la Patrie. »
Une telle médisance serait une trahison.
M. Huot, n'ayant jamais trahi la Famille et la
Religion, n'a pu trahir la Patrie ; car cette dernière est faite des deux premières ; elle n'est
que l'ensemble des autels et des foyers rap-
prochés dans un même pays et chez un même
peuple.

J'aperçois, dans la vie de M. Huot, la ma-
nifestation la plus éclatante de son amour
pour la patrie française. Il en donnait déjà des
preuves dès son jeune âge, quand, à Balleville, aux heures sombres de l'invasion, en
1814, il réunissait autour de lui ses petits camarades, se lançait avec eux à la rencontre
des alliés, et recevait à coups de pierres leur

avant-garde. Il n'avait pas encore dix ans
quand, pendant une nuit, armé d'une hache,
il voulut en frapper un cosaque voleur qui
crochetait un meuble. Dans cette même nuit,
il se tint debout à côté de son frère, disposés
tous deux à se battre contre le cosaque, si
leur père en eut fait le signe.

Le patriotisme, laissé en héritage à M. Huot
par son père, lui suscita au cœur des enthousiasmes pour la France, dont il ne voulut jamais se déprendre.

Plus il étudiait, plus son patriotisme gran-
dissait. Sa religion était faite de patriotisme.
Il aimait Jésus-Christ dans sa patrie ; il y
aimait la paix de l'Evangile, la grâce des Sacrements, les temples où il priait, les œuvres
et les reliques des saints qui y avaient vécu,
l'histoire des choses passées et des choses à
venir. Il aimait d'un amour plus fraternel
les grands saints et les grands citoyens de sa
patrie vosgienne, les saints et les saintes de
la plaine et de la montagne, du Soulossois, des
vallées de la Meuse et du val de Galilée. Il
aimait Jeanne-d'Arc à l'égale d'une sainte. Il
disait d'elle :

« C'est la sainte et grande paysanne,
« Ta paysanne, ô mon pays !...
« ...Et vouant notre espoir, consacrons notre haine,

« Consacrons nos cœurs recueillis,
« A Jeanne la Française, à Jeanne la Lorraine,
  « Patronne des Envahis. » (1)

Sa gratitude était acquise au bienheureux Fourier, et le pèlerinage qu'il faisait chaque année à son tombeau de Mattaincourt était une fête pour son cœur.

Il avait enfin une prédilection marquée pour les illustrations locales, une certaine fierté à proclamer bien haut les noms des gloires vosgiennes, les Gilbert, les François de Neufchâteau ; les Boulay, de la Meurthe ; les Raoult, les Malgaigne, les Thomas, de Charmes ; les Claude Lorrain, etc., etc., pléiade sacrée de vainqueurs aux tournois pacifiques des arts, des sciences et des lettres, pléiade vaillante de vainqueurs aux tournois sanglants de la France contre l'étranger.

Il fut constamment l'homme de son temps, l'homme de son pays, embrassant d'un même amour sa Famille, sa Patrie, l'Eglise, s'appliquant à mettre d'accord des idées présentées par des sophistes impies comme inconciliables, et cependant s'éclairant et se complétant l'une par l'autre : la Science et la Foi, le Progrès et la Tradition, la Nature et la Grâce, la Liberté et l'Autorité, la Patrie et Dieu.

(1) Paul Deroulède, *Chants du soldat.*

Son patriotisme lui eût semblé imparfait, en le faisant apparaître seulement, par de belles paroles sur l'histoire et les gloires de la France et en célébrant, avec ses compatriotes, les grands anniversaires nationaux et les joies publiques. Il faisait mieux et plus que cela : il fondait l'amour de la patrie sur les vertus morales. Il jugeait que le meilleur apprentissage du patriotisme était la discipline des mœurs, la victoire sur les passions, la possession de la science et l'exercice du dévouement. Sans doute, comme prêtre, il faisait profession d'aimer Jésus-Christ et son Eglise, et dans Jésus-Christ, sauveur des âmes, il aimait toutes les âmes rachetées par la Croix. Mais, parmi ces âmes, il aimait surtout celles que Dieu avait liées à la sienne, par la communauté du sang, de la race, du climat, de la langue et des frontières, il aimait donc les âmes françaises avant les autres et il les aimait ardemment et puissamment.

D'après ces données, je laisse à penser s'il se désintéressa des fastes ou des néfastes de son pays, et si il eut l'oubli de ses joies et de ses deuils. Il ne voulut jamais ignorer les noms et les actes des hommes qui présidaient aux destinées de la France, qui la servaient dans les assemblées publiques ou dans une

libre et féconde retraite. Enfin, il usa de toute
son énergie pour alimenter sa vie du souffle du
patriotisme et pour la défendre contre l'indifférence ou l'égoïsme, « *la grande maladie du
froid* » qui engourdit et paralyse les âmes,
comme un glacial hiver engourdit et paralyse
les corps.

Il ne désespéra jamais de la France. Il avait
noté comme siennes des pensées pleines d'espoir patriotique, émises par Lacordaire quand
il écrivait : « Que la France est difficile à juger,
et que le fond doit cependant en être béni, quoi
qu'en dise M***. Voilà cinq siècles, depuis le séjour des papes à Avignon jusqu'à la révolution
de 1789, que ce pays est travaillé de ferments
irréligieux ; le gallicanisme, le calvinisme, le
jansénisme, le cartésianisme, le rationalisme
y ont mêlé, l'un après l'autre et tous ensemble,
leurs cendres chaudes, et cependant rien n'a
pu y extirper la racine catholique ou la des-
sécher. M*** se plaint de mon amour et de mon
enthousiasme, comme si je ne reconnaissais
pas les fautes présentes et passées de la France,
et que j'eusse jamais dit autre chose, sinon
que Dieu ne semble point l'avoir abandonnée,
qu'il lui fait de grandes grâces et qu'elle peut
être destinée à renouveler le christianisme en

Europe. Certes, M. de Maistre n'était point
adulateur de nos crimes ; il ne se dissimulait
point la profondeur de nos plaies, et qui a mis
plus haut la France ? qui a plus espéré d'elle ?
qui a salué plus prophétiquement sa résurrec-
tion, et à une époque où aucune des lueurs que
nous voyons n'était encore apparue sur l'horizon ? Je ne comprends pas ce que me repro-
che M**' ; il me dit qu'il faut surtout parler à
la France des expiations dont elle est débitrice
envers la justice divine. Hélas ! voilà cinquante
ans que dure notre expiation, et est-il impar-
donnable de dire à un pauvre malade quelques
paroles de consolation et d'encouragement,
surtout lorsque l'on considère que le découra-
gement est une des causes qui accroissent le
plus toute maladie ? Saint Paul était-il un flat-
teur, lorsqu'il disait du peuple déicide : « Je
vous le dis à vous, nations, tant que je serai
l'apôtre des nations, j'honorerai mon ministère en cherchant à provoquer mon peuple à
l'émulation du bien. » N'est-ce pas le même
saint Paul, qui, après avoir fait la peinture de
tous les crimes des Juifs, leur prédit pourtant
que Dieu ne s'est point retiré d'eux, que leurs
restes seront sauvés, et qui s'écrie dans un
transport de joie : « Si leur chute a été le salut
des nations, combien plus leur rétablissement ;

si leurs ruines sont devenues la richesse des nations, que sera-ce de leur réconciliation finale ? Et cependant, que de siècles à passer avant d'atteindre ce moment glorieux ! »

« Ah ! oui, la France, dans son nouvel enfantement, coûtera bien des larmes à Dieu, mais est-ce une raison de la maudire et de ne point espérer d'elle ? Tant qu'un peuple n'est point retranché de l'Eglise, quels que soient ses malheurs et ses plaies, il appartient au règne de la miséricorde et de l'espérance, il est campé sur les rivages du fleuve de Babylone, il attend Cyrus, il porte dans son sein Zorobabel et Néhémias. »

Quand M. Huot notait ainsi ce fragment, son patriotisme n'avait pas encore été soumis à l'épreuve de la tempête de l'année terrible (1870-71), tempête qui brisa un trône glorieux, mutila la frontière de France, et laissa en permanence, pendant trois longues années, sur le sol lorrain et vosgien, des nuées dévorantes d'hommes du Nord, connus désormais sous ce vocable : *Prussiens !*

« En vain pour ennoblir leur métier de pirates,
Ces reîtres vont parlant de Justice et Talions,
Ils se donnent en vain ce rôle qui les flatte :
Non ! ils ont beau porter des griffes sous leur pattes,
Non ! ces carnassiers-là ne sont point des lions. »(1)

(1) Paul Déroulède.

M. Huot, eut le frisson de l'âme à l'audition du cri de : *Guerre à l'Allemagne !* cri solennel dont les échos se perdirent bientôt dans la fumée et le bruit des batailles engagées en Alsace et en Lorraine.

« Puisque le sort en est jeté, disait-il, j'espère que nos soldats reviendront victorieux ! »

Hélas ! il fut déçu dans son espoir, et il vit passer douloureusement sous ses yeux les régiments décimés des héros de Wissembourg et de Frœschwiller ; car :

« Frœschwiller est l'assaut d'un homme contre quatre,
Et de ces assauts-là les Prussiens n'en font pas !... »

Il salua au passage le Maréchal de Magenta et le poursuivit d'un regard attendri jusqu'au détour des vallées vosgiennes, où il allait avec les débris de son armée vers Châtenois et Neufchâteau, et de cette dernière ville jusqu'aux plaines de la Meuse et de la Marne. Le Maréchal duc de Magenta arrêta sa marche sous les murs de Sedan, et la ville de Charmes fut ainsi la première étape de cette marche en retraite qui devait aboutir pour nos soldats à un désastre, après trois jours de grandes batailles, où « *tout fut perdu,* comme à Pavie, *fors l'honneur.* » Au 20 octobre de l'année 1870, j'étais à Tours, premier aumônier de la troisième ambulance de campagne. Sans nouvelles de M. Huot, j'essayai une fois de plus de correspondre avec lui. Voici ce que je lui écrivais :

« Tours, 20 Octobre 1870.

A monsieur le curé-doyen de Charmes-sur-Moselle (Vosges).

« Il y a quatre jours, je donnais une lettre à un franc-tireur des Vosges. Cette lettre, adressée à ma mère, vous sera communiquée. si son porteur a la bonne fortune d'atteindre la Lorraine sans tomber entre les mains ennemies. Avez-vous reçu la carte de visite d'un aumônier de l'armée de Metz vous donnant des nouvelles de ma captivité à Gravelotte? Un de vos paroissiens, réquisitionné avec ses chevaux et ses attelages pour le compte des Prussiens, vous a-t-il remis un chiffon de papier où j'écrivis à la hâte mon nom et l'itinéraire que j'avais parcouru depuis mon départ de Paris?

« J'ai beaucoup pensé à vous, et la science que j'ai de votre cœur et des ardeurs de votre patriotisme m'a apporté le sentiment des douleurs et des angoisses que vous avez subies, quand sous vos yeux passait le triste défilé des régiments valeureux de l'illustre vaincu de Reischoffen.

« J'ai eu comme une vision de vos larmes, quand j'ai su que les Allemands avaient pénétré dans votre chère ville de Charmes et y avaient brutalement fusillé quelques-uns de ses habitants. Vous, fils d'un capitaine d'artillerie, et portant dans votre cœur les éclairs et les couleurs de son héroïsme militaire, quelles tortures n'avez-vous point ressenties en croisant vos pas avec ceux de l'ennemi sur le seuil des maisons de votre ville?

« Je ne me trompe point en assurant que ces Allemands ont violé votre église, sous prétexte de culte ; ils ont dû faire chez vous ce qu'ils ont fait ailleurs : insulter aux plus saintes choses et blasphémer ce qu'ils ignorent.

« Mais trêve de conjectures ; je vous demanderai ces détails d'invasion allemande sur les rives de la Moselle, après la fin des hostilités. Pour l'instant, je vous plains de vivre en pays envahi, et j'ai bien peur pour nos Vosges d'une occupation ennemie qui pèsera lourdement.

« Je n'ose plus rêver une victoire décisive pour nos armées, non pas que je doute du courage de nos Français et de leur intrépidité ; mais ils vont en avant, depuis le 4 septembre, sans une noble inspiration. Leurs chefs improvisés manquent du souffle patriotique ; ce n'est pas au cri de : Vive la France ! qu'ils ébranlent les troupes, mais au cri sot et bête de : Vive la République ! ! On n'entend plus dans les journaux que les tirades républicaines de 93, évoquées par les folliculaires de 1870.

« On n'entend que les hurleurs de la *Marseillaise* ; on ne voit plus devant soi que les malpeignés de la nouvelle République, cachant leur nullité sous l'habit militaire, jurant et sacrant, en affreux argot, que la France sera sauvée par la dame au bonnet phrygien.

« La ville de Tours est le rendez-vous de tous ces braillards de République, le *pandæmonium* de ces généraux choisis parmi les véreux de nos départements. On les a sortis des cafés et des estaminets où ils trônaient dans la fumée, et leurs premiers exploits militaires sont de rentrer aux mêmes foyers pour y brunir leurs épaulettes d'or. Quels généraux que ces piliers de cafés, rôdant autour des tables des buveurs pour se faire admirer des badauds de la Touraine, et mendiant, par tous moyens, des poignées de mains et des verres d'absinthe.

« Hier, je coudoyais, sur une place publique de Tours, un porteur de képi constellé ; il titubait en criant : Vive la République ! Quand il aperçut ma soutane, il ajouta ce refrain : A bas les prêtres !

« Je le priai de répéter cette dernière insulte. Il ne voulut pas ; et, sans crainte d'une cour martiale, je le poussai rudement contre les parois d'une guérite veuve de sa sentinelle.

« Ce fut peut-être le seul général gambettiste qui eut l'honneur de monter ainsi la garde. J'ai su la provenance du général ; c'est un fuyard de Paris, un commis-voyageur en vins, un habitué des cafés borgnes du quartier latin ; Gambetta est son obligé et soulage sa conscience endettée en lui payant, au compte du Trésor de France, des galons, des épaulettes, des étoiles sur toutes les coutures. Le tout est agrémenté d'un gros traitement et d'une solde de campagne très-plantureuse.

« Aux mains de tels hommes, que deviendra notre pays? On ne peut se promettre des joies patriotiques avec un régime tel que celui qui nous mène.

« On parle beaucoup de la valeur des hommes qui viennent se ranger sous le commandement de l'intrépide Charette ; mais on parle ici de les insulter et de se moquer de leur foi religieuse, s'ils osent paraître sous le costume du zouave pontifical. Par contre, on se promet d'acclamer, sous les balcons des délégués du Gouvernement, la sublime ganache de Caprera et ses bandes en chemises rouges !

« Vous savez à quels hommes le 4 Septembre a montré le chemin de Tours pour le représenter en province et pour expédier ses affaires. Ces hommes ont noms : Crémieux et Glais-Bizoin. Jamais choix ne fut plus malheureux. Ces deux vieillards ne sont rien moins qu'ineptes et gonflés de sottes prétentions. Depuis leur arrivée à Tours, ils n'ont su que se livrer à la chasse de l'or et du pouvoir; ils n'ont eu qu'une pensée, qu'une volonté : écraser leurs rivaux politiques et humilier les fils de la noblesse française venant se mettre à leur disposition comme *volontaires*. Le culte de soi-même, la haine farouche pour les autres, voilà l'unique préoccupation des délégués séniles du gouvernement de la Défense nationale.

« — Et la France?

« — La France? Elle est le moindre de leurs soucis. Ils *font grand*, ces deux vieux, ces deux ruines, ces deux paladins de la folle République; en s'amusant à des niaiseries stupides et ridicules. Le juif Crémieux passe son temps à baptiser et débaptiser des rues, à transformer les timbres-poste, à changer leur couleur et leur effigie. Glais-Bizoin, son compère, a le souci des murailles à salir ; il y fait déposer ces mots : *Liberté, Egalité, Fraternité.*

« Pendant que ces deux délégués sont à l'é-
chelle, au coin des rues, une grande ombre
passe et effleure la soie de leurs pinceaux
d'artistes badigeonneurs. C'est l'ombre du
grand Armand Barbès, soufflé en baudruche,
et gonflé en ballon. Ce ballon a glorieusement
touché terre, il ouvre ses flancs et dépose un
des membres borgnes du gouvernement de
Paris, venant au secours du gouvernement de
Tours. Cet envoi de Paris est étiqueté : *Gambetta*. C'est le fougueux de la bande des frères
et amis. Il veut infuser à la France un sang
nouveau, le sang des Jacobins, et faire reculer
les Prussiens en les regardant d'un mauvais
œil (1). Les triumvirs de la délégation ont

(1) « Je pourrais citer des gens qui, n'ayant pas hier une
« obole pour acheter une corde, sont devenus tout à coup
« riches, opulents; ils se prélassent sur un char attelé de
« chevaux blancs, et ils n'avaient pas même un âne! Puis,
« au lieu de s'appeler Pyrrhias, Dromon ou Tibius, ils
« prennent le nom de Mégadès, de Mégabyze ou de Pro-
« tarque. Ces hommes, qui tremblent encore devant l'é-
« trivière, qui, en entendant claquer un fouet, dressent
« les oreilles et s'inclinent devant un moulin comme de-
« vant un temple, deviennent bientôt insupportables à tout
« le monde; ils insultent les hommes libres; ils font
« fouetter leurs anciens compagnons d'esclavage, pour es-
« sayer s'ils en ont le pouvoir, jusqu'à ce que, épris d'une
« courtisane, passionnés pour les chevaux, ou livrés aux
« flatteurs qui leur jurent qu'ils sont plus beaux que Nérée,

chacun — pris à part — un tel relief de laideur grotesque, que je vais essayer demain de les persuader à se rendre au quartier général allemand. Ils auront, auprès de Guillaume, de Bismarck et autres teutons remarquables, un succès de grosse gaieté, sinon d'estime.

En face du *séduisant* Crémieux, de Glais-Bizoin, tête de pître, et de Gambetta, le Bellevillois cyclopéen, les Allemands seront pris d'un fou rire tel qu'ils seront capables d'en mourir. Voyez-vous nos triumvirs, plus terribles que la peste, plus meurtriers que les balles, et n'ayant qu'à se montrer dans un camp ennemi pour y exciter un rire homérique et faire tomber les armes des mains les plus robustes? Voyez-vous les savants stratégistes déjoués dans leurs combinaisons, parce que, là-bas, aux lignes ennemies, sont apparues les silhouettes endiablées des délégués de Tours? »

Mes prévisions ne s'étaient point trompées ;

« plus nobles que Cécrops, plus prudents qu'Ulysse, plus
« riches que seize Crésus ensemble, ces malheureux dis-
« sipent en un clin d'œil le fruit de tant de parjures, de
« brigandages et de scélératesses. »

Ce portrait des parvenus républicains d'autrefois, tracé de main de maître, par Lucien, n'est pas éloigné de ressembler aux parvenus républicains d'aujourd'hui.

Gambetta y trouvera des traits de famille authentiques.

l'invasion prussienne avait été terrible dans
la ville de Charmes, et M. Huot l'avait subie en
homme courageux, en martyr patriote et chrétien. Les détails que voici en sont le témoignage, et ils sont dignes d'entrer le front haut
dans les pages écrites hier par un brave général, sous le titre : « *L'héroïsme en soutane* » (1). Au soir du 15 août 1870, M. Huot
eut la douleur d'apercevoir la première avant-
garde prussienne. Cette avant-garde ne fit
qu'apparaître et disparaître comme un fan-
tôme de nuit. Elle jeta son hurrah par la bouche criarde de douze hussards bleus, puis elle
s'enfuit au trot sur la route de Nancy. Les
jours suivants, les Prussiens revinrent nombreux ; le 16, ils campèrent en escadrons sur
les pavés, en pleine place publique ; le 17, ils
réquisitionnèrent sous menaces de pillage et
d'incendie ; le 18, ils passèrent au galop avec
l'attirail bruyant des canons et la longue file
des charrettes disloquées, chargées de vivres.
A l'audition de ce tapage insolent, M. Huot
s'enferma seul dans son cabinet de travail
pour pleurer et prier.

Pendant les mois de septembre et d'octobre,
il eut le tourment des âmes françaises obligées
de vivre avec l'étranger vainqueur, lui don-

(1) Par le général Ambert.

nant chaque jour du pain, du vin, un chaud
foyer et un bon gîte, comme à un ami. Il vit,
la rage au cœur, officiers et soldats prussiens
parader insolemment sur le seuil des maisons,
insulter les habitants de la ville, les maltraiter,
et même en tuer quelques-uns pour les besoins
de la cause. Leur première victime fut un
pharmacien (1) qu'ils frappèrent de coups de
bayonnettes et qu'ils laissèrent mort au coin
d'une rue, c'était le vendredi. Le lundi 17 octobre, M. Huot s'interposa pour empêcher les
incendies devant dévorer, par ordre supérieur,
à jours et à heures fixes, telle ou telle maison
désignée. Tout fut inutile; c'est que rien d'humain ne tourmentait le cœur de ces Allemands,
aucun dévouement ne forçait leur admiration,
aucun désintéressement ne les touchait, aucune entreprise généreuse ne les séduisait. Ils
répondirent à cette dernière démarche de
M. Huot, faite dans l'intérêt de ses paroissiens,
en affectant de donner aux incendies qu'ils
allumèrent un caractère de galanterie sauvage. On vit des officiers, gantés de frais, ma-
nier des bidons de pétrole, les pousser dans
les flammes à grands coups de bottes, arrêter
l'incendie à heure précise dans une rue, et se
transporter dans une autre rue pour incendier

(1) Oscar Mariotte.

encore, puis éteindre à leur gré, le tout avec la méthode du moment psycologique (1).

Jusqu'au 19 octobre, la ville de Charmes vécut sous un régime de terreur. A cette date, elle versa cent mille francs pour ses otages incarcérés à Nancy ; le pasteur vint présenter son obole et s'offrir lui-même comme rançon, aux lieu et place de ses paroissiens, qui, le lendemain, furent rendus à la liberté.

Après de longs mois d'occupation moins brutale, signalés par l'écho des fanfares, les cris stridents des sentinelles, les notes épaisses des chansons et le bruit des sabres râclant les pavés, il prit enfin fantaisie au capitaine commandant la colonne de munitions, installée le 2 novembre 1871, de persécuter M. Huot sous le masque de l'hypocrisie religieuse ; il avait pour auxiliaire l'aumônier protestant. Ce fameux capitaine, nommé Schwartz, était un homme à haute stature, à la parole brève et rauque.

Le 11 novembre, au matin, il dépêcha au presbytère son lieutenant Wasmandorf avec mission d'exiger de M. Huot qu'il lui donnât les clefs de la chapelle de l'ancien cimetière

(1) Les maisons incendiées furent celles de M. l'abbé Fourcault, de M. Viot, de M. Dieudonné et le Casino de la Ville.

pour la célébration du culte luthérien. M. Huot
refusa net et pria poliment le lieutenant de
se retirer.

Ce refus irrita le capitaine, qui sacra et jura
en termes tels que son lieutenant s'enfuit
épouvanté. Quand le calme revint, Schwartz
s'assit à son bureau, prit sa meilleure plume
trempée d'encre et d'acide prussique et écrivit
la lettre suivante. J'ai l'autographe sous les
yeux, et je me garde bien de rien changer à
sa facture fantansiste et à ses licences orto-
graphiques :

« Charmes le 11 novembre 1873.

« Monsieur le curé,

« Ayant aperçu par monsieur le lieutenant
Wasmandorf, que vous avez refusé d'arran-
ger un compromisse pour céder l'église de
Charmes pour célébrer le sermon protestanti-
que aux soldats prussiens, je prétends à avoir,
lundi prochain le 13 novomber, de neuf heures
du matin jusqu'à midi, l'église d'ici à disposition des troupes prussiens !

« En attendant votre réponse immédiatement,
j'ai l'honneur d'être votre très-humble

« SCHWARTZ,

« Capitaine et commandant de Charmes. »

On vit M. Huot sourire à la lecture de ce grossier et insolent message, puis, se tournant vers son vicaire, lui dire : « Je ne répondrai pas à ce vilain monsieur, et lundi, je ferme les portes de l'église. »

Le lundi, 13 novembre, il fit fermer les portes de son église, après avoir déposé en lieu sûr : les vases de l'autel et le saint ciboire contenant les espèces sacrées ; puis il attendit de pied ferme, dans son presbytère, la visite de l'officier Schwartz et de ses aides. Schwartz, suivi de son lieutenant, se présenta à M. Huot vers dix heures et lui ordonna insolemment d'ouvrir son église pour la célébration du culte protestant.

« Non, monsieur, répondit M. Huot indigné, non, je n'ouvrirai pas mon église pour vous et les vôtres. Je ne vous livrerai pas les clefs du sanctuaire et je ne serai point le complice de vos profanations. Mon devoir de prêtre catholique est de vous résister, et il me plaît, comme Français, de ne point trembler devant vos menaces. Vous avez la force et le nombre contre moi, faites à votre guise. »

Ce refus énergique irrita maître Schwartz, qui eut la lâcheté de s'en venger en repoussant M. Huot d'un coup de poing fermé. Le souvenir du Maître divin, frappé dans le pré-

toire par la valetaille des faubourgs de Jérusalem, ce souvenir, dis-je, vint au cœur de
son disciple, qui ne répondit aux coups que
par un sourire, sans murmurer et sans se
plaindre.

Force fut à l'officier de se retirer : le coup
de poing avait été son dernier argument de
raison et de haute courtoisie.

Il prit conseil de ses collègues et résolut
de pénétrer dans l'église.

Vers onze heures, des soldats armés, que
précédaient le ministre protestant et quelques officiers commandés par Schwartz, firent
halte au seuil de l'église et se mirent en devoir d'y entrer par effraction de ses portes, n'y
réussissant pas dès le premier choc, ils réquisitionnèrent un serrurier de la ville qu'ils
désignèrent. Cet ouvrier, prévenu de la triste
mission qu'il aurait à remplir, quitta furtivement sa maison et se déroba aux soldats
chargés de lui faire escorte.

On eut recours à un autre ouvrier, qui vint,
sous bonne garde, de chez lui à l'église. Il
était porteur d'un trousseau de clefs. Quand il
se mit en œuvre d'ouvrir la porte principale,
il ne le fit qu'en tremblant, car, s'il eût fait
mine de résister, il était immédiatement fusillé, sans autre forme de procès. A ce moment,

M. Huot jugea à propos d'intervenir : — « Monsieur le capitaine, dit-il, je proteste contre votre conduite présente; vous n'avez nul droit d'agir comme vous le faites. J'en appelle à votre conscience... »

Puis, s'approchant de l'ouvrier, il lui dit d'un ton ferme et sévère, les paroles suivantes : « Prenez garde, monsieur, à ce que vous allez faire. Si vous ouvrez, la loi française vous atteint, c'est pour vous un cas de galère!!! »

Ces paroles allèrent droit au cœur de l'ouvrier qui, réunissant tout son courage, refusa carrément d'ouvrir la porte de l'église. Irrité de ce refus, maître Schwartz fit emprisonner le récalcitrant, avec menaces du *carcere duro* dans une forteresse allemande, mais rien ne put déterminer le prisonnier à faciliter aux Prussiens l'entrée du temple. Il aima mieux suivre les inspirations de son curé et, comme lui, il signifia à Schwartz qu'il ne l'aiderait pas à profaner les lieux saints, témoins de son baptême et de sa communion catholiques.

Il fut ramené au seuil de l'église, et comme il résistait encore, Schwartz et ses complices se jetèrent sur lui, s'emparèrent de ses clefs (*dites passe-partout*) et crochetèrent aussitôt la porte principale et les portes latérales. Ce

fut vers deux heures que cette violation fut
accomplie.

Quelques heures après, *inter pocula*, le ministre luthérien se félicitait d'avoir humilié le
pastour catholique, et se flattait d'avoir été
vainqueur dans la lutte contre l'*entêté pupiste*.

Triste vainqueur que celui qui ne répond
que par la force brutale aux justes indigna-
tions d'un homme de cœur et aux cris de la
conscience d'un prêtre martyr de son devoir.

Ce ministre luthérien avait opéré selon la
formule mise à l'ordre du jour de l'armée allemande et de ses aumôniers : « *La force prime
le droit*!!! »

M. Huot ne se consola point de cette profanation faite au sanctuaire dont il était le pieux
gardien. Cependant, après quelques jours, et
par ordre venu de Nancy et d'Épinal, son
église lui fut rendue. Il y rentra, précédé de
ses paroissiens portant des flambeaux et l'es-
cortant jusqu'aux pieds des autels. Puis le
saint ciboire fut triomphalement rapporté
dans le tabernacle.

Cette profanation de l'église de Charmes
ne fut point renouvelée, grâce à l'énergie de
M. Huot, grâce surtout aux saintes industries
de sa charité pour les soldats allemands bles-
sés ou malades, qu'il visitait à l'ambulance.

Il les traitait délicatement, par respect pour le Christ-Jésus, Rédempteur universel des âmes, et s'ingéniait discrètement à les amener à se convertir et à bien mourir.

Cette charité pastorale lui gagna un semblant de bienveillance de la part des chefs allemands. Il ne fut plus ouvertement persécuté dans l'exercice de son ministère ; mais l'autorité allemande lui fit toujours l'honneur de le tenir en suspicion policière et lui continua rancune, jusqu'à la fin, de ses paroles et de ses actes, qui témoignaient un patriotisme français irréconciliable avec les vainqueurs.

L'occupation ennemie se prolongea, dans les Vosges, jusqu'en 1874.

Le 27 juillet 1873, un dimanche, vers quatre heures, la colonne militaire allemande, en garnison à Charmes, s'ébranla lourdement, et se forma en lignes serrées sur la route de Rambervillers. A un signal convenu, tous les soldats firent . volte-face, et comme parole d'adieu à la petite ville vosgienne, jetèrent vers elle, par trois fois successives, leur cri de guerre : Hurrah !!!

M. Huot répondit à ce cri sinistre en faisant sonner à toutes volées les cloches de son église, jusqu'après complète disparition du dernier soldat de l'arrière-garde, et se tint appuyé à la fenêtre de sa chambre, pendant le défilé. Quand l'écho ne lui apporta plus ni le bruit des chars ni le bruit des voix des Allemands, il se mit à genoux pour remercier Dieu de la délivrance.

Son patriotisme eut encore occasion de se produire. Quand la Providence lui faisait rencontrer un pauvre soldat français revenant de captivité, il le faisait asseoir à son foyer ou à un foyer ami, le soignait comme un enfant gâté, écoutait avec intérêt le récit de son exil et de ses larmes sur la terre étrangère. Ce récit achevé, ses yeux se remplissaient de larmes et les impressions de son âme étaient amères comme celles du poëte tragique, disant au soldat grec évadé du milieu des Barbares : « *Tu donnes tristement à réfléchir aux mères de ceux qui sont partis.* »

Enfin le patriotisme de M. Huot alla jusqu'aux dernières limites. Quand une vaste souscription s'organisa sous le patronage des femmes de France pour le rachat du territoire, il souscrivit pour douze cents francs, c'est-à-dire qu'il offrit son traitement officiel d'une année, se réservant avec joie de vivre pauvrement et comme le mendiant de la rue, pour donner à la France, sa mère désolée, une obole d'or (1).

Les douleurs infligées à son patriotisme, diminuèrent d'intensité quand le sol de France fut délivré du joug de l'occupation. Il put pardonner aux Allemands (c'était son devoir de prêtre), mais il ne leur donna point son pardon comme fils de la France. En regardant sur la carte d'Europe, « cette pauvre motte de terre sablonneuse qu'on appelle la Prusse » (2), il sentait son cœur se briser et il mourut sans se laisser atteindre par la fièvre de cette chimère : la paix universelle, la paix à outrance, sous le spécieux prétexte de la sainte fraternité des peuples.

Sans doute, il ne prônait pas la sanctification de la guerre et ne l'envisageait point

(1) « Pendant la guerre, il avait recueilli secrètement des prisonniers malades qui s'étaient échappés des mains de l'ennemi; il les avait hébergés et nourris à ses frais. Après la guerre, il avait offert à la souscription nationale, pour la libération du territoire, son traitement d'une année, 1,200 fr. Pendant de longs mois, il avait fait maigre par économie, ne vivant, avec sa maison, que des légumes et des fruits de son jardin. »

(L'abbé VILLAUME, Récit des funérailles de M. Huot.)

(2) Expressions de M. Bismarck, dans son discours sur l'abrogation des articles 15, 16 et 18 de la Constitution prussienne.

comme l'idéal de la vie humaine. (Les gens paisibles qui créent et qui perfectionnent passent, dans l'ordre moral, avant celui qui détruit.)

Mais, d'une autre part, quand il constatait la nécessité de cette loi terrible, quand l'histoire lui montrait toutes les civilisations et toutes les cultures sortant de leurs ruines, comme les moissons d'un champ déchiré, quand il voyait ce que cette école sanglante, qui, en apparence, devrait dépraver les hommes, produisait de hautes et sublimes vertus, il lui était impossible de ne pas reconnaître que la guerre a ce « je ne sais quoi de divin », que les anciens attribuaient à tous les Mystères. Un des signes de sa divinité, n'était-ce pas l'invincible fascination qu'elle exerçait sur son âme de prêtre ?

Désormais on n'est fils et fille de France moins indigne de cette filiation, qu'à la condition de s'associer, comme M. Huot, à la profession de foi patriotique suivante jusqu'aux jours de la reprise en possession de nos provinces annexées :

« Plusieurs, croient que la guerre est appelée à disparaître ; ils la regardent comme une impiété, comme un fléau, comme un monstre qu'après des convulsions suprêmes, le monde rejettera enfin pour toujours de ses entrailles. Je l'ai considérée de tout temps, moi, comme la plus haute et même la meilleure expression de la volonté divine. Je regarderais comme un jour de colère et non point de bénédiction, le jour où cette source mystérieuse de l'expiation viendrait tout à coup à tarir. Grâce à Dieu, du reste, je ne suis point menacé de voir ce jour-là. »

Les chroniques françaises nous disent que les voûtes de l'abbaye royale de Saint-Denis ont retenti au temps de Jeanne-d'Arc, du cri de *Noël aux Léopards !!* » Les mêmes voûtes sonores ont entendu, en 1870, le cri de : *Noël aux ours !!* » Les ours allemands comme les léopards anglais, sont venus dans notre France et lui ont enlevé un des beaux fleurons de sa frontière de l'Est. Cette frontière ouverte est comme une large blessure faite au cœur d'une mère, par l'exil d'une fille bien-aimée. Cette blessure-là échappe à toute guérison humaine, la Providence seule, peut y pourvoir. Déjà elle a parlé aux Allemands un langage austère, dont la signification est celle-ci : Vous avez pu dérober le soleil de la patrie française à quelques vallées des Vosges ; mais il reste attaché à leurs hauts sommets, il éclaire leurs cîmes bleues, vous ne l'en chasserez jamais !!

Et moi, que dirai-je à la France, à l'heure troublée où nous sommes?

« Remonte, ô beau pays de France, vers les purs sommets et les hautes pensées. Là, et là seulement, tu trouveras l'air, le soleil et la vie.

« Souviens-toi de la belle scène de Goëthe ; Faust approche de ses lèvres le breuvage mortel :

« A toi maintenant, ô pure coupe de cristal ! La nuit est sombre, et le vieux chercheur n'a plus qu'un suprême désir, celui de se précipiter à tout jamais dans le chaos ténébreux qui commence à l'envahir.

« C'est alors, à ce moment décisif, lorsque tout va finir, que l'église voisine s'éclaire de mille feux et que de joyeuses voix d'anges chantent la vieille mélopée :

Le Christ est ressuscité !
Joie aux mortels.

« Que ce soit là ton histoire, ô mon pays bien-aimé! que tout renaisse avec une force et une vigueur nouvelle au moment où tout semble se faner et mourir. »

(1) Journal de Mademoiselle de Limagne.

XIV

Les idées politiques de M. Huot. — « Je suis une
liberté. » — Le mot de Câhteaubriand à Louis XVIII. —
Les légitimistes. — Les orléanistes. — Les diverses
Républiques. — Napoléon III. — L'Appel au peuple. —
La Défense nationale. — La Commune. — L'étiquette
républicaine. — « La vie hautaine et la tête au-dessus de
la buée. » — M. Huot et la Presse. — « L'ami de la religion. » — « L'ère nouvelle. » — Monseigneur Dupanloup.
— Lacordaire et Lamennais. — Le journal « l'*Univers* »
et Veuillot. — Le Saint-Siége. — Amour et dévouement
de M. Huot pour le Souverain-Pontife. — Le denier de
Saint-Pierre.

XIV

Si Lacordaire disait « Je suis une Liberté »,
M. Huot aurait pu dire : « Je suis une Indépendance; » car nul témoin de sa vie ne se lèvera
pour le convaincre du péché de flatterie et
d'adulation. Nul ne le vit dans les antichambres
des grands pour solliciter une place ou une
faveur pour lui ou pour les membres de sa famille; nul ne l'entendit complimenter les puissants avec des paroles mielleuses et menson-
gères prises au dictionnaire des courtisans.
On lui disait un jour de se présenter à un
personnage capricieux, qui désirait, ce jour-
là, lui être agréable pour un des siens : — « Ce

monsieur est si haut qu'il me faudrait un porte-voix pour me faire entendre de lui; il est si majestueux qu'il me faudrait lui parler à la quatrième personne. »

C'est assez dire qu'il ne courbait son front que tout juste ce qu'il fallait pour un homme de bon ton et de saine courtoisie, mais non ce qu'il fallait pour l'esclave d'un homme ou d'un parti. Il tenait par-dessus tout à l'intégrité du caractère; plus il voyait les hommes en manquer et faillir ainsi à la religion qu'ils représentent, plus il voulait, avec la grâce de Celui qui tient les cœurs dans sa main, se tenir pur de tout ce qui pouvait compromettre ou affaiblir en lui l'honneur de l'homme et la dignité du prêtre.

Ayant la certitude qu'aucun parti politique ne le soutiendrait jamais, parce que jamais il ne donnerait de gages à un parti politique, il avait aussi la certitude qu'il prêterait facilement le flanc aux attaques des gouvernants ou de leurs subalternes, par la naïveté de ses impressions et la hardiesse de ses discours. Si jamais il ne fit entendre dans la chaire chrétienne un mot qui eut couleur politique, il ne laissa pas que de faire connaître en intimités et en conversations sous le manteau de la cheminée, ses opinions sur les divers gouvernements et ses sympathies pour l'un ou pour l'autre des gouvernants.

Questionné un jour par un personnage de la cour Charles X sur l'avenir de la monarchie légitime, il demanda de se taire, et comme on insistait : « Monsieur, dit-il, je ne fais qu'obéir, pardonnez à ma franchise, je crois la monarchie finie. » C'était la réponse de M. de Châteaubriand à Louis XVIII. Il regardait l'hérédité royale comme un principe important : il respectait les hommes intègres restés fidèles au gouvernement et aux aspirations de la branche aînée des Bourbons, mais il les laissait tristement, sans les suivre, aux souvenirs opiniâtres et aux longs espoirs de leurs âmes.

Nous savons ce qu'il pensait des princes d'Orléans et des orléanistes, les fidèles de la petite église politique, de cette royauté bâtarde qu'on nomme une royauté constitutionnelle. Il ne désarma vis à vis d'eux que le jour où on lui apprit qu'ils avaient fait acte sincère de soumission royale et d'abdication de couronne entre les mains du comte de Chambord. M. Huot mourut sans connaître le mode élastique de cette abdication et de cette prétendue « Fusion. » Sa pensée sur le règne de Louis-Philippe se rapprochait de ce que je vais dire:

il se méfiait d'une cause politique qui eut besoin de diminuer le sens moral de la foule pour la séduire.

Il avait bien lu dans un poëte que, pour obliger l'enfant à boire la liqueur amère qui peut lui rendre la vie, il faut emmieller la coupe, mais le Tasse ne dit pas que, pour accoutumer les lèvres d'un peuple au généreux breuvage de la liberté, il faille d'abord les enflammer de l'aigre saveur de l'ivresse et que, pour faire ce peuple grand, il faille l'abaisser et le tenir tremblant aux pieds des autres peuples dans l'inaction et dans la peur.

Comme je ne puis dire de la politique de M. Huot que ce qui en est apparu dans sa parole et dans sa vie, je dois ajouter que ses sympathies étaient acquises aux idées libérales et démocratiques, comme l'entendait Lacordaire et son école; mais il méprisait les Républiques de 93 et de 1870-77, comme ayant faussé et trahi la cause de la bonne démocratie et de la vraie liberté. Il se tint sur la réserve avec la République de 1848, et cette réserve n'eut rien d'hostile; car cette République, dans ses premiers mois de provisoire, fut moins une révolution agressive contre les grands intérêts du pays qu'un mouvement de générosité populaire et la revendication des droits de la famille, de la religion de l'armée et de la patrie méconnue et insultée par la bourgeoisie voltairienne.

M. Huot n'eut que du mépris pour les journées de mai et de juin 1848, puis il désespéra de la vitalité de la République en France quand il la vit se jeter si complaisamment aux pieds du prince qui sut l'assouplir en maître et l'amener doucement sous le joug dynastique des Césars modernes. Salua-t-il ce prince après son coup d'Etat, comme un sauveur, à l'exemple de l'Episcopat français presque tout entier? non encore. Il se tint même à l'écart de l'enthousiasme public qui se manifesta diverses fois en faveur de Napoléon III, empereur, jugeant son gouvernement comme donné à la France pour comprimer en temps d'effervescence l'esprit anti-social et anti-religieux de Paris et des grandes villes.

Quand M. Huot vit la troisième République commencer par la trahison devant l'ennemi, se continuer par l'imbécilité ou l'idiotisme de ses chefs improvisés, puis s'épanouir par une explosion de boue et de sang, il eut presque un regard pour rappeler un chef autoritaire empereur ou roi. S'il eût vécu jusqu'en 1878, il eût peut-être invoqué le droit national, l'appel au peuple, l'appel au droit des majo-

rités populaires, dernier et suprême moyen
de produire l'ordre dans une société divisée
comme la nôtre.

Dans sa conscience d'honnête homme,
M. Huot vit avec horreur le lever du rideau
sur le spectacle que nous donnèrent les
hommes du 4 Septembre. M. de Maistre a dit
quelque part, à l'honneur du courage et de la
discipline militaire, « qu'une rébellion dans
un camp, la veille des batailles, était un phénomène inconnu de l'humanité ». Malheureusement pour l'honneur de la race et de la foi
républicaines, « il s'est rencontré des hommes,
a dit M. de Belcastel, qui, le 4 septembre 1870,
n'eurent point de pareils préjugés. Ils n'ont
pas reculé devant la témérité coupable de
renverser un gouvernement, c'est-à-dire une
force nationale devant l'ennemi ».

M. Huot n'était point tendre pour les membres de la prétendue *Défense nationale*. « On
a confié, disait-il, des pouvoirs souverains à
des bohêmes politiques qui parlent de faire un
pacte avec la victoire et qui ne font de pacte
qu'avec leurs appointements. La France a déjà
subi bien des dictateurs, mais ces dictateurs
avaient noms : Richelieu, Louis XIV et Napoléon, et elle ne les a point subis sans honneur
et sans gloire. Mais subir la dictature faite

d'incapacité et de folie furieuse, personnifiées dans Gambetta et consorts, non jamais une telle honte n'a pesé sur elle. »

Après le récit qui lui fut fait par moi des œuvres lamentables de la Commune, M. Huot se recueillit, et, jetant comme un éclair sur l'avenir, il me dit, presque mot pour mot, les paroles suivantes :

« Mon cher ami, quand l'heure de l'histoire aura sonné pour juger la Commune et sa devancière maternelle, la Révolution du 4 Septembre, quand au tumulte de la passion politique aura succédé l'impartialité calme d'une grave méditation, quand les historiens chercheront dans le passé les causes des crises terribles que nous avons traversées et de celles que nous traverserons peut-être encore, ce ne sera pas sur les institutions données par les empereurs et les rois à notre pays que tombera le poids de leur sévérité.

« S'ils ne comprennent pas ce que ces institutions eurent de grand et de favorable aux progrès de l'intelligence et de la moralité françaises, du moins ne leur reprocheront-ils pas d'avoir conduit la France au bord du socialisme. Ils iront chercher plus avant dans les mœurs publiques les causes de cette catastrophe, et ils les trouveront dans cette pro-

pagande de doctrines impies et révolutionnaires, à laquelle de grands talents, sous
l'étiquette républicaine, se sont consacrés
pour répandre la démoralisation dans toutes
les classes de la société. »

Puis il termina son entretien par cette déclaration très-explicative : « Je n'appartiens à
personne, à Dieu seul et à mes devoirs, comme
prêtre de Jésus-Christ, et comme fils de la
France, j'ai donné toute mon énergie et toutes
les puissances de mon âme. C'est ainsi, mon
cher, qu'ont peut supporter les périls de sa
nature et les piéges tendus par les méchants
et les hypocrites, pour briser les meilleures
intentions et fausser le sens des paroles les
plus droites et les plus franches. D'autres auraient mieux fait et dit que moi ; je fais et je
dis comme je sens et comme je suis. »

Comme je lui disais que l'horizon politique
de la France était gros d'orages : « C'est vrai,
mais j'ai toujours pensé, mon cher, que Dieu
semait en France dans la tempête. Serons-
nous assez courageux pour tenir tête à l'orage
et pour suivre le divin semeur entre les
nuages et la foudre? J'ai peur des peureux!!! »

Il lui semblait que la foi chrétienne et la foi
politique, au sein de notre France, étaient
d'une complexion débile et presque désespé-

rante, il les voyait s'affaissant comme le ro-
seau du fabuliste sous le poids d'un roitelet.

De tout ce qui précède, je conclus que
M. Huot ne connut que la dépendance de Dieu,
la douce servitude de ses obligations sacerdotales et françaises. Pour le reste, il se montra
très-indépendant ; « il eut la vie hautaine, et
la tête au-dessus de la buée » (1).

Si M. Huot ne fut jamais l'homme-lige d'un
parti politique, il fut encore moins l'homme
d'un journal. Sous le gouvernement de Juillet,
il fut lecteur assidu de l'*Ami de la Religion* ;
ce journal suffisait à son désir de savoir où
s'en allaient les courants de la politique profane, et comment les questions religieuses se
mêlaient alors à ces courants pour s'y défendre
au nom du Christ. En 1848, quand l'*Ami de la
Religion* eut pour illustres rédacteurs MM. Dupanloup, de Ravignan, de Montalembert, de
Falloux, de Champagny, M. Huot était de plus
l'abonné de l'*Ere nouvelle* et du *Correspon-
dant*. Il suivait avec joie le développement de
la presse catholique et applaudissait aux efforts tentés et aux succès réalisés par des
plumes vaillantes et chrétiennes. Il se déta-
cha de l'*Ere nouvelle* quand Lacordaire en
abandonna la direction à des écrivains d'une

(1) Ignotus.

démocratie trop avancée; et je me souviens qu'il écrivit à l'éminent religeux pour le féliciter d'avoir fondé, dans la presse et à la tribune, le parti catholique et libéral en France; il le félicitait en outre de s'être dégagé de solidarités dangereuses et d'avoir quitté généreusement la presse et la tribune pour revenir à son ministère sacré et reprendre sa vie première sous le souffle de Dieu et sous l'inspiration du Souverain-Pontife Pie IX.

M. Huot ne se servit d'aucune occasion pour conférer avec ses amis de la presse; il eût craint de se passionner dans la discussion et de ne plus rester dans le calme qui sied aux gardiens de la vérité, comme il sied aux statues de marbre, gardiennes muettes d'un sanctuaire.

Il eut, cependant, le désir de correspondre avec Lacordaire à l'époque de la mort de M. de Lamennais, en 1854. Il voulut connaître l'intime pensée du disciple sur son maître. Il fut édifié à ce sujet par l'officieux envoi d'une lettre que nous savons avoir été écrite par Lacordaire à son illustre amie, Mme Swetchine. Une confidente de Mme Swetchine en avait pris copie pour M. Huot; en voici la teneur:

« Je ne vous ai pas écrit depuis la mort de

notre ancien maître, ce pauvre M. de Lamennais. Je le connaissais trop bien pour espérer que
son âme se retournât vers Dieu avant la mort,
mais la mort est une si grande puissance que
je conservais encore quelque illusion. Hélas !
il a surpassé tout ce qu'on pouvait craindre de
plus triste et de plus douloureux. Je ne connais
rien dans l'histoire de l'Église, parmi ceux qui
se sont séparés d'elle, qui ait un caractère de
réprobation aussi frappant. L'abandon de tous,
qui avait été la punition des dernières années
de sa vie et qu'aucun chef de doctrine n'a jamais eu aussi complet, lui a survécu et s'est
assis sur ce tombeau qu'il a voulu lui-même
dérober à tous dans la fosse commune, comme
s'il ne lui fût resté dans sa propre persuasion
pas un parent et pas un ami pour y venir une
seule fois. J'ai souvent, depuis lors, repassé
dans mon esprit tous les souvenirs et toutes
les impressions qu'il m'avait laissés ; ce drame
ne pouvait sortir de ma pensée, à commencer
de la première visite que je lui fis, moi tout
jeune homme, arrivant de province, jusqu'au
jour où je le quittai sous les bois de la Chênaie
et au dernier mot que je lui adressai sur les
bancs de l'Assemblée Constituante. Je ne crois
pas avoir rien à me reprocher à son égard. Je
lui résistai le premier, j'entrevis sa chute de

bonne heure, mais ma plume ni ma bouche n'ont jamais laissé rien échapper que des accents de douleur et de respect à son égard. Il m'avait nui beaucoup en dirigeant mal, lui, mon ami de vingt ans par l'âge et mon aïeul par le génie et la gloire, en dirigeant mal le premier feu de ma jeunesse et en m'enveloppant dans le désastre de sa séparation. Cette pensée m'a soutenu contre lui, quand j'ai dû le quitter, mais je ne crois pas qu'elle m'ait porté jamais à rien d'amer contre sa personne. C'était à mes yeux une grande victime d'une éducation théologique mal faite, d'une gloire trop rapidement obtenue, et d'un esprit à qui manquait, parmi tant d'heureux éléments, le don suprême de la flexibilité. C'est à ce défaut de souplesse dans la pensée qu'il a dû l'étonnante stérilité de son schisme. Des hommes très-médiocres, en se séparant de l'Église, se sont fait des disciples et une secte qui leur a survécu ; lui, en vingt ans de génie qui n'était pas éteint, n'a pu se créer une seule âme qui l'appelât son maître. Il avait franchi d'un seul coup un si vaste abîme que personne n'avait pu avoir l'illusion de s'y jeter après lui. Il restera dans l'histoire comme un monolithe brisé ou comme cette statue de Memnon ensevelie dans le désert, dont on ne s'explique ni l'origine ni les relations avec aucun monument. »

M. Huot fut heureux de cette lettre ; il crai-
gnait de rencontrer des paroles trop amères
sur les lèvres de Lacordaire, se souvenant de
M. de Lamennais. Mais ce qu'il applaudissait
le plus chez Lacordaire et chez ses amis, c'était
leur refus de s'engager dans la voie imposée
par M. Veuillot, dans son journal l'*Univers*.
M. Huot se refusa toujours à regarder
M. Veuillot comme un véritable défenseur de
la Religion catholique et des prérogatives du
Saint-Siége. Avec tous les bons esprits et
avec l'élite de l'Épiscopat, il le jugeait un
ami maladroit de la grande cause de Dieu et
de son Église. Il s'irritait de l'outrecuidance
de cet homme qui, sans nul savoir théologique
et au mépris de la sainte hiérarchie fondée
par Notre-Seigneur Jésus-Christ, soumet à son
contrôle laïque l'Épiscopat et tout le clergé de
France. « Je veux bien, disait-il, être aux
pieds des successeurs des apôtres, mais non à
ceux d'un groupe d'esprits moqueurs qui appellent tout au tribunal de leur talent satirique. »

Il serait superflu de chercher plus avant les
sentiments de M. Huot sur le presse catholique
et ses écrivains. Il n'entra dans la lutte que
pour saluer d'un regard ami les vrais soldats
de Jésus-Christ et de son Église, et pour

répondre toujours à l'appel du Souverain-Pontife, lui demandant l'aumône de son cœur et de sa bourse par la voie hiérarchique de son évêque. Témoin, cette annonce faite au prône le jour de Noël, en 1869.

« Pour entrer dans les instructions de Monseigneur l'Evêque et nous conformer à son invitation, nous ferons la quête du denier de saint Pierre aux trois messes. Quelle que soit notre offrande, elle sera un grand acte de piété filiale envers le Père commun des fidèles, un témoignage de notre fidélité et de notre dévouement, une adhésion d'esprit et de cœur aux doctrines du vicaire de Jésus-Christ sur la terre, et en même temps une protestation énergique contre les calomnies, les injustices et les violences auxquelles il est en butte depuis plusieurs années de la part de ses aveugles ennemis, qui sont les ennemis de Dieu et de la société. »

XV

M. Huot dans ses rapports avec les Arts et la Nature.
— La musique profane et sacrée. — « Soleil! je viens te
voir pour la dernière fois! » — David et sa harpe. —
Les astres. — Le firmament. — Les poëtes de Dieu. —
Jeanne d'Arc et les cloches. — Les psaumes 23e, 103e et
148e. — Le Cantique des Cantiques. — Les lacs des
Vosges. — Les fleurs. — Jean-Jacques Rousseau. —
Saint François d'Assise, Sainte Elisabeth de Hongrie,
Madame de Chantal, Jeanne de Portugal, etc. — Pour-
quoi Dieu fit la fleur? — « Tout meurt!... Dieu seul est
éternel! »

XV

Mon défunt portait en lui une âme mélodieuse
et il aimait la symphonie musicale, qui n'est
autre que l'expression de l'âme dans la variété
et la liberté de ses mouvements. A l'audition des
mélodies profanes, il se laissait aller soit aux
joies qu'elles rappelaient, soit aux inquiétudes
et aux tristesses qu'elles évoquaient, soit encore aux larmes qu'elles faisaient monter de
son cœur à ses paupières. A l'audition des
mélodies sacrées, il se laissait transporter sur
leurs ailes au-delà des frontières où s'agite
l'homme chrétien entre un berceau et une
tombe ; il rêvait de l'éternité et son regard,
cherchait dans la nue les sentiers lumineux
qui montent au paradis. C'est à la fibre mélodieuse, si sensible en lui, qu'il dut les accents victorieux de son âme sur les âmes pé-
cheresses.

Sous la main divine du Christ, son âme vibrait délicieusement comme les cordes d'une lyre, instrument de poésie et d'harmonie.

Mon défunt aimait les cieux et le firmament en vrai disciple du Poëte sacré, l'aïeul royal du Christ, qui, sur sa harpe, a chanté magnifiquement ces deux choses. Cet amour pour le firmament, ce grand poëme de Dieu et pour le ciel, ce beau pavillon d'azur suspendu sur nos têtes, cet amour, dis-je, se manifestait jusque dans les détails de ses jours et de ses nuits. C'était pour mieux voir le ciel qu'il choisissait toujours un appartement avec ouverture vers l'Orient. Par cette ouverture, il saluait les premières flèches d'or montant à l'horizon comme les avant-coureurs du soleil. Tous les soleils du matin l'ont vu debout ; aucun d'eux ne l'a surpris prolongeant son repos de la nuit au-delà de l'aurore, et ce ne fut pas un des moindres sacrifices de sa dernière maladie, que celui qui l'obligea à rester dans son lit à l'heure où le ciel en feu se revêt du soleil comme d'un manteau d'or frangé de pourpre. En 1874, un matin d'automne, il fit approcher de la fenêtre le fauteuil sur lequel il reposait, puis jetant un regard de mélancolie à l'horizon où se levait le grand astre, lui murmura cette parole prise au chef-d'œuvre tragique de Racine :

« Soleil, je viens te voir pour la dernière fois !... (1). »

Quand l'insommie s'acharnait après ses nuits comme une fée malfaisante, il usait de cet acharnement pour reprendre sa prière du soir, qu'il continuait en fixant les yeux sur la voûte étoilée du firmament, et il louait le Seigneur de lui donner la douce vision des blancheurs lunaires et des étoiles diamantées. Il regardait *« la lune comme une sentinelle de Dieu, fidèle à son poste. » « Sicut luna testis in cœlo fidelis »*, *« silencieuse et douce »*, *«per amica silentio lunæ »*, selon le dire de Virgile. Son pieux amour pour le firmament et les cieux recevait son approbation du jugement qu'en a porté le prophète royal, quand il disait, en regardant le ciel de la Judée, du haut des terrasses de son palais : *« Les cieux racontent la gloire de « Dieu, et le firmament est la révélation de « ses œuvres »*, ou bien encore : *« Le jour « parle de Dieu au jour qui le suit, et la nuit « redit son nom à la nuit suivante. »* Dans cette voûte céleste, il voyait ce que les poëtes de Dieu, les saints et les saintes

(1) Phèdre.

y ont vu, la figure du monde des âmes et comme une région fortunée où le temps ne laisse aucune trace ni aucune injure. Avec une illustre convertie de notre époque, il disait en parlant du firmament : « Là est la beauté sans rides et sans taches, l'immortelle jeunesse. Comme l'âme, le ciel a des dates et n'a point d'âge ; comme l'âme, il n'a point de nuit ; il change de flambeaux ainsi qu'elle de clartés. La succession des saisons fait les vicissitudes de la terre, ses ardeurs, ses frimas, ses tristes et longs dépouillements. Par une immunité sublime, quoique créature, le ciel ne connaît ni altération, ni décadence. Pendant le jour, de son foyer brûlant s'échappent des flots de lumière; pendant la nuit, ses ténèbres s'éclairent d'innombrables soleils ; dans l'immobilité puissante de ces astres ou dans leur marche triomphale sous l'œil du Très-Haut, semble se produire l'image de l'impassibilité des saints et de leur zèle rapide et irrésistible. Ainsi, tandis que, courbée sous le joug du solstice d'hiver, la nature , désolée, muette, couvrant d'un linceul sa nudité, semble accuser le péché et ses suites funestes, le soleil garde l'or de ses rayons, la lune sa clarté argentée, les étoiles, le feu de leurs diamants diversement

colorés ; enfin, resplendissante et magnifiquement parée, la voûte céleste semble, comme
le cœur de l'homme de bien, célébrer une fête
perpétuelle, la fête de la rénovation promise.
Mère bienfaisante, la terre laisse pourtant tarir ses mamelles ; la source de la lumière ne
tarit jamais, le monde ne peut vivre sans
elle. Chaque jour peut se lever, chaque nuit
dissiper ses ombres, mais c'est pour nous inviter aux douceurs d'une prochaine espérance.
Rien d'irrévocable au-dessus et au-dedans de
nous ; qu'un nuage s'entrouvre, qu'une brume
se dissipe, qu'une vapeur s'efface, et le con-
templateur qui se confie, qui espère, qui attend, est consolé ! C'est pour lui que veille la
puissance, sous la forme de l'impérissable
beauté !... »

Il serait donc vrai, que l'admiration pour le
firmament fut de tous temps la dot des grandes
âmes ? Si j'en crois les historiens de Jeanne
d'Arc et la légende de son enfance dans les
douces vallées de la Meuse vosgienne, j'y
trouve ce fragment plein de fraîcheur naïve :

« A Domrémy, aux derniers sons de l'*Ange-
lus* du soir, quand le jour baissait dans la
chaumière de Jeanne d'Arc, Jeanne suspendait
son fuseau, apprêtait la table du souper et,
gravissant une colline derrière la maison de

son père, elle allait se reposer sur la lisière du bois. Alors Perrine disait à Menjète : Sais-tu pourquoi Jeanne s'en va loin de nous, au lieu de venir causer avec les filles du village sur les marches de nos portes ? »

« — C'est son idée, » répondait Minjete, qui ne comprenait pas toujours très-bien la douce Jeanne. Cependant, Jeanne lui avait dit plusieurs fois: « Que le ciel est beau, Minjète ! Viens, nous l'admirerons ensemble et nous causerons du paradis. »

— « Bah! c'est tout de suite va, répliquait Minjète. D'ailleurs je ne sais pas ce qu'il y a derrière les étoiles. »

— « Ni moi non plus et, c'est dommage, pensait Jeanne en regardant la sombre immensité du ciel qui s'embellissait à mesure que la nuit attristait la terre ; pourtant, j'aime à voir tous ces germes de lumières jetés dans le ciel comme on sème le blé dans nos champs. Et dire que ce sont autant de soleils! Oh! quand pourrai-je suivre la route éblouissante qui mène au pays de Notre-Seigneur, des Anges et des Saints (1) ».

Mon défunt aimait la nature avec transport.

(1) *Histoire de notre petite sœur Jeanne d'Arc*, par Marie Edmée.

J'ai trouvé sur les marges de sa Bible une note écrite au crayon, se rapportant à David chantant le domaine souverain et infini du Seigneur, à titre de créateur du monde terrestre et disant :

« A l'Eternel appartient la terre et tout ce qui la rem-
« plit ; l'univers et tout ce qui l'habite. Car c'est lui qui
« l'a fondé au-dessus des mers. C'est lui qui l'a établi au-
« dessus des fleuves. »

Une autre note était fixée en vedette des psaumes, chantant soit un épithalame divin, soit les noces de la terre et de l'élément humide :

« O mon Dieu ! vous envoyez des fontaines dans les vallons ;
« Leurs eaux coulent à travers les montagnes ;
« Elles désaltèrent les bêtes sauvages ;
« Elles étanchent la soif des hérons ;
« Sur leurs bords habitent les oiseaux du ciel ;
« Ils font entendre leurs voix au milieu des feuillages ;
« Des hauteurs de votre séjour vous arrosez les montagnes ;
« La terre est rassasiée des fruits que répandent vos mains ;
« Vous faites germer pour les troupeaux l'herbe de la prairie, les moissons pour l'homme ;
« Vous faites naître de la terre le vin qui réjouit son cœur ;
« Vous lui donnez les parfums qui embellissent son visage et le pain qui le nourrit ;

« Vous arrosez les arbres des forêts, les cèdres du Liban, plantés par vos mains;

« Là, sont les nids des oiseaux, les sapins offrent un asile aux hérons;

« Les sommets des montagnes sont les routes des chamois;

« Les trous tortueux des rochers, le refuge des animaux timides;

« Voilà la mer qui s'étend au loin;

« Là, se trouvent des animaux sans nombre, grands et petits;

« Là, se promènent les vaisseaux;

« Toutes les créatures attendent, de vous, leur nourriture au jour marqué;

« Vous donnez, elles recueillent;

« Vous ouvrez la main, elles sont rassasiées de vos dons;

« Vous voilez votre visage, elles se troublent;

« Vous retirez votre souffle, elles expirent et rentrent dans leur poussière;

« Vous renvoyez votre souffle, elles renaissent et la face de la terre est renouvelée;

« Louez le Seigneur, habitants de la terre;

« Vous, dragons, vous, abîmes des eaux, feu, grêle, neige, glaces, tourbillons et tempêtes qui obéissez à sa parole;

« Montagnes et collines, arbres fruitiers et cèdres, bêtes sauvages, troupeaux, reptiles, oiseaux du ciel, rois du monde, peuples, princes et juges de la terre, jeunes gens, vierges, enfants et vieillards, louez le nom du Seigneur, son nom seul est grand. »

Je trouvai aussi une note marginale de la

main de mon défunt sur un volume des œuvres de Bossuet, quand ce maître exalte l'exquise beauté et le charme imagé du Cantique
des Cantiques.

« Tout ce Cantique, dit le grand évêque,
abonde en objets délicieux ; partout l'œil n'a-
perçoit que des fleurs, des fruits, une pro-
fusion de plantes les plus agréables, le charme
du printemps, des campagnes fertiles, des
jardins frais et fleuris, des eaux, des puits, des
fontaines ; l'odorat est frappé des plus douces
odeurs que l'art a préparées ou qui sont l'ou-
vrage de la nature. Nous y voyons des co-
lombes, de plaintives tourterelles, du miel, du
lait, des flots d'un vin exquis ; enfin, dans les
deux sexes, nous n'admirons que grâces,
qu'éclat, que beauté, que chastes embrasse-
ments, qu'amours aussi doux que pudiques. Si
quelques objets terribles, tels que des rochers,
des montagnes sauvages, le repaire d'un lion y
frappent notre vue, c'est pour accroître encore
par le contraste et la variété, le charme du tableau le plus gracieux ».

C'était après lecture de ces pages et comme
épris de leur beautés, que mon défunt, sa
Bible à la main, s'en allait promener sa rê-
verie pieuse sur la lisière des champs,
sur les bords d'une rivière ou bien au fond

d'un bois silencieux. C'est là qu'il disait à son âme, comme l'époux du Cantique à son épouse :

« Allons, lève toi, ô ma bien-aimée,
« Toi qui es si belle à mes yeux, et viens,
« Car voilà que l'hiver est passé ;
« La saison pluvieuse a fui, a disparu ;
« Les fleurs se montrent sur la terre ;
« Le temps du chant des oiseaux est venu ;
« Et la voix de la tourterelle se fait entendre dans notre terre ;
« Le figuier gonfle ses fruits des sucs les plus doux ;
« Et les vignes en fleurs répandent leur parfum. »

La nature et ses divers aspects étaient donc autant de voix qui pénétraient en l'âme de mon défunt et qui parlaient à son intelligence. Tout, dans le monde visible, dans le monde qu'il touchait et qu'il entendait, faisait écho à son cœur. La sublime majesté de l'océan et des montagnes, lui faisait voir par-delà l'océan d'autres océans, par-delà les montagnes d'autres montagnes, témoins ses impressions à son retour d'un voyage dans les monts jurassiens et sur les plages de la Normandie.

Et comme ses dispositions intimes étaient faites de paix et de sérénité, rien ne lui parlait mieux, rien ne lui répondait mieux que les

lacs de la Suisse et des Vosges, ces derniers
surtout, lacs ombragés, perdus dans les dé-
tours de la montagne, et dont le miroir d'argent réfléchit les cieux. Ces lacs vosgiens, solitaires, écartés, sans bruit et sans nom, for-
tifiaient en lui son penchant pour la solitude,
le recueillement, le silence de la vie et l'humilité. Leurs eaux pures, limpides, contenues,
mais vivantes et renfermées sans bruit dans
une coupe de verdure, plaisaient à son âme
pure et limpide, contenue sous le joug du
Seigneur, mais vivante et libre, et renfermée
sans frémissement et sans murmure dans les
voies tracées par le doigt de Dieu.

Et pour suivre ma comparaison, je dirai
encore que les lacs des Vosges sont silencieux
et profonds, mais qu'ils savent s'entourer
d'un cercle de plantes vivaces et d'une riche
végétation. En cela, ils sont bien l'image de
la vie de mon défunt, silencieuse et intérieure,
mais entourée de plantes vivaces et d'une végétation féconde en vertus. — Les lacs des
Vosges roulent du sable d'or; leurs eaux s'é-
vaporent non en miasmes délétères, mais en
senteurs vitales; en cela encore ils sont l'i-
mage de mon défunt, qui portait en lui un
cœur et une âme, comme deux vases précieux
remplis jusqu'aux bords de l'or de la charité

et de religieux parfums, généreusement versés dans le sein des pauvres et pour le salut des âmes en peine.

Mon défunt poussait l'amour de la nature au-delà des mesures vulgaires et communes ; il appelait à son aide les instruments de la science pour mieux la contempler. Ainsi, il avait en permanence sur sa table de travail un microscope puissant qui, le faisant pénétrer dans des secrets, donnait à son imagination l'éblouissement de l'immensité. Avec cet auxiliaire, il se mettait en relation avec des existences que, sans lui, il n'eût point soupçonnées ; avec lui il touchait, des formes inconnues de la création qui toutes, en passant sous son regard, lui disaient : Dieu seul est grand !!...

Je ne puis oublier son culte pour les fleurs, parure de la terre, née sous les pas de Dieu quand son ombre passait à travers les bosquets et les feuillages tremblants de l'Eden. Il voyait en chacune d'elles une suave harmonie, s'exprimant en louanges pour le Dieu Créateur. Il ne goûtait point la sensiblerie anémique de J.-J. Rousseau pour la pervenche bleue, mais il goûtait l'amour pieux pour les fleurs, que professaient hautement saint François d'Assise, sainte Elisabeth de Hongrie,

Mme de Chantal, saint François de Sales et tant d'autres saints et saintes de Dieu. Il n'était pas éloigné de croire cette légende qui se rattache au nom de sainte Jeanne de Portugal : « Quand elle mourut, toutes les fleurs des environs se fanèrent en même temps et s'inclinèrent comme en pleurant sur le passage de son cercueil. »

Je lui demandai un soir pourquoi Dieu fit la fleur si belle, mais si éphémère, il me répondit : Dieu seul est beau ! Dieu seul est éternel ! Cette réponse était l'expression de son âme religieuse et le souvenir d'une mélodie musicale dont on lui avait fait hommage et qui disait du bon Dieu qui fit les fleurs :

> « Il voulut que la brise aimée,
> « Invisible et suave encens,
> « Apportât, douce et parfumée,
> « La fraîcheur à nos fronts brûlants.
> « Il déposa pour les abeilles,
> « Dans le calice exempt de fiel
> « De la fleur aux couleurs vermeilles,
> Le suc qui se transforme en miel.....

> « Il voulut, par la fleur qui tombe
> « Au souffle d'un vent furieux,
> « Nous faire penser à la tombe :
> « (La tombe fait penser aux cieux !)

« A l'homme orgueilleux et cupide
« Donner cet avis paternel :
« Pourquoi t'agiter dans le vide?
« Tout meurt!... Dieu seul est éternel!!! »

FIN

TABLE DES MATIÈRES

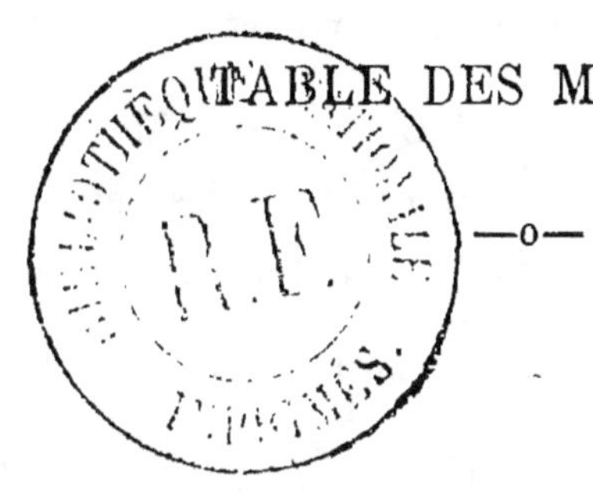

—o—

Paris. — Imprimerie MALVERGE et DUBOURG,
rue Cardinal-Lemoine, 41.

www.ingramcontent.com/pod-product-compliance
Lightning Source LLC
Chambersburg PA
CBHW061308030726

47595CB00001B/269